Verhaltenstherapie

Nicolas Hoffmann

Verhaltenstherapie
und Kognitive Verfahren

Was sie kann,
wie sie wirkt und
wem sie hilft.

Die Deutsche Bibliothek - CIP-Einheitsaufnahme

Hoffmann, Nicolas:
Verhaltenstherapie und kognitive Verfahren : was sie kann, w
sie wirkt und wem sie hilft / Nicolas Hoffmann. - 2. Aufl. -
Mannheim : PAL 1992

(Therapieverfahren unserer Zeit)
ISBN 3-923614-40-3

© PAL Verlagsgesellschaft Mannheim 1990
Alle Rechte vorbehalten
Herstellung: C. Bockfeld, Neustadt

Inhaltsverzeichnis

1. Was ist Verhaltenstherapie? 7

    Der Begriff „Verhalten". 7

    Die therapeutische Strategie der Verhaltens-
    therapie – ein Beispiel 10

    Sieben Merkmale der Verhaltenstherapie 16

2. Verhaltenstherapie bei Ängsten 23

    Erscheinungsformen von Ängsten 26

    Systematische Desensibilisierung 27

    Expositionstraining in der Wirklichkeit . . 35

    Selbstsicherheitstraining bei sozialen Ängsten 40

3. Verhaltenstherapie bei Zwangserkrankungen 47

4. Verhaltenstherapie bei Depressionen . . . 59

    Depressionen aus psychologischer Sicht . . 59

    Verhaltenstherapie bei Depressionen:
    Ein Fallbeispiel 63

5. Verhaltenstherapie bei psychosomatischen
   Erkrankungen 78

    Ein verhaltenstherapeutischer Ansatz bei
    Spannungskopfschmerzen 78

6. Ein Selbstkontroll-Programm am Beispiel
   Übergewicht 87

7. Vorurteile gegenüber der Verhaltenstherapie 102

8. Wichtige Informationen für Patienten . . . 110

Anforderungen an Therapeuten und
Patienten 110

Zur Qualifikation von Verhaltenstherapeuten 112

Verhaltenstherapie im Kassenverfahren . . 113

Weiterführende Literatur 115

– 1 –
Was ist Verhaltenstherapie?

Die Verhaltenstherapie ist eine moderne Psycho-
therapierichtung, deren erste Ansätze ungefähr
dreißig Jahre alt sind. In drei Jahrzehnten wurden
viele Vorgehensweisen entwickelt, die neue Therapiemöglichkeiten erschlossen haben. Weitgehend gleich-
geblieben ist die Philosophie der Verhaltenstherapie,
d.h. ihr Programm und ihre ganz eigene therapeutische Strategie. Sie sollen in diesem ersten Teil dar-
gestellt werden. Doch davor ist es nötig, einige Erläuterungen zum Begriff „Verhalten" zu geben.

Der Begriff „Verhalten"

Ende der 50er Jahre erschienen die ersten Arbeiten,
die heute als die Anfänge der Verhaltenstherapie
gelten. Damals war die therapeutische Praxis fast
vollständig von tiefenpsychologischen Schulen beherrscht. Freud, der Erfinder der Psychoanalyse, und
mit ihm seine Schüler, hatten praktisch eine eigene
Psychologie geschaffen. Auf dieser Basis versuchten
sie, seelisch kranken Menschen zu helfen.

Die ersten verhaltenstherapeutischen Arbeiten
erfolgten auf einer anderen Grundlage. Ihre Autoren
wandten die Methoden und Ergebnisse der experi-
mentellen Psychologie an, die seit vielen Jahrzehnten
in Forschungslaboratorien erarbeitet und an Hoch-

schulen gelehrt wurden. Um sich gegenüber den tiefenpsychologischen Richtungen abzugrenzen, die allgemein unter dem Namen „Psychotherapie" bekannt waren, nannten sie ihren Ansatz „Verhaltenstherapie". Dieser Begriff hat viel Verwirrung gestiftet. Er legt die Vermutung nahe, es handle sich dabei um eine oberflächliche (eben nur auf Verhalten bezogene) Herangehensweise an menschliche Probleme, bei der die „Ursachen" der Störung vernachlässigt werden. Man argwöhnt, daß lediglich eine Art „Dressur" zur Anwendung kommt, bei der Fehlverhaltensweisen einfach abtrainiert werden. Diese Auffassung, und das wird hoffentlich später deutlich, ist falsch.

Die Verhaltenstherapie, im Einklang mit der wissenschaftlichen Psychologie, geht davon aus, daß beim Menschen in allen Lebenssituationen drei wichtige Systeme am Werk sind:

● *Das körperlich-emotionale System:* Im Körper laufen ständig komplizierte Prozesse ab (z.B. Beschleunigung oder Verlangsamung des Herzschlags), die u.a. deshalb bei psychischen Problemen von großer Bedeutung sind, weil sie ein wichtiger Bestandteil unserer Gefühle oder Emotionen sind.

● *Das Gedanken- oder kognitive System:* Ständig bewerten wir die Situation, in der wir uns befinden, verknüpfen sie mit Erinnerungen an frühere Erfahrungen und hegen Erwartungen bezüglich der Zukunft. Daneben haben wir Prinzipien, Normen und Einstellungen, die unser Verhalten wesentlich mitbestimmen.

● *Das motorische System:* Wir bewegen uns, reagieren, handeln, unternehmen etwas oder sprechen zu anderen.

Unter Verhalten verstehen wir nun das ständige Zusammenspiel dieser drei Systeme in konkreten Lebenslagen. Beim Menschen sind sie immer alle drei gleichzeitig aktiv, wobei je nach der Situation eines durchaus im Vordergrund stehen kann.

So ist z.B. beim Tennisspielen das motorische System am wichtigsten, aber gleichzeitig versucht der Spieler sich gedanklich eine Strategie zurecht zu legen, und er empfindet, je nach Spielverlauf, Gefühle der Freude oder der Enttäuschung, die mit charakteristischen körperlichen Veränderungen einhergehen. Löst hingegen jemand komplizierte Rechenaufgaben, so stehen gedankliche Prozesse im Vordergrund, aber parallel dazu bedient er (motorisch) seinen Rechner und ist dabei in einem erhöhten Aufmerksamkeitszustand (körperlich-emotionales System).

So gesehen umfaßt der Begriff Verhalten alle Aspekte des seelischen Geschehens: Der Mensch denkt, fühlt und handelt. Aus dem Zusammenwirken dieser Momente ergibt sich die ganze Fülle seines Lebens. Wenn eines oder mehrere dieser Systeme gestört sind, oder wenn ihr Zusammenspiel schlecht funktioniert, können seelische Probleme oder psychische Erkrankungen entstehen.

Die therapeutische Strategie der Verhaltenstherapie – ein Beispiel

Die typischen Schritte einer Verhaltenstherapie will ich an einem Beispiel verdeutlichen. Der Überschaubarkeit halber will ich sie vereinfacht darstellen, ohne jedoch die Grundphilosophie zu verfälschen.

1. Schritt: Erstgespräch

Klaus, ein 25-jähriger Medizinstudent, berichtet, daß er in 2 Monaten eine wichtige Prüfung ablegen muß. Es sei seine letzte Chance, sie zu bestehen, weil er schon zweimal durchgefallen ist. Er habe solche Angst davor, daß er schon unruhig werde, wenn er bloß seine Arbeitsunterlagen (Bücher, Skripten usw.) sieht. Er könne nicht effektiv arbeiten, weil er an Konzentrationsstörungen leide. Er nehme sich jeden Tag vor, mindestens acht Stunden zu lernen, schaffe aber nie mehr als ein bis zwei Stunden. Er ziehe sich oft völlig verzweifelt in sein Bett zurück und verlasse kaum noch die Wohnung.

Im Gespräch wirkt er sehr niedergeschlagen und ängstlich. Er spielt abwechselnd mit dem Gedanken, das Studium aufzugeben, sich krankschreiben zu lassen oder sich der Prüfung zu stellen. Er fragt, ob der Therapeut ihm in dieser verzweifelten Lage helfen könne.

Der Therapeut faßt die Probleme, die im ersten Gespräch angesprochen wurden, zusammen: Klaus leidet an Arbeitsstörungen und an einer depressiven

– 10 –

Verstimmung. Er ist sich auch unschlüssig darüber, was er in nächster Zeit machen soll. Es werden 4 Sitzungen verabredet, die hauptsächlich dazu dienen, seine Probleme im verhaltenstherapeutischen Sinne zu klären (diagnostische Phase). Dabei werden auch sein bisheriges Leben, eventuelle Schwierigkeiten, die früher aufgetreten sind, sowie seine aktuellen Lebensumstände erörtert.

Nach diesen Gesprächen wird eine Entscheidung über eine eventuelle Therapie gemeinsam getroffen. Davor sucht der Patient einen spezialisierten Arzt auf. Dadurch sollen körperliche Erkrankungen ausgeschlossen und die Kostenübernahme durch die Krankenkasse in die Wege geleitet werden.

Schließlich erhält der Patient drei „Hausaufgaben": Er soll 1. sich einen Überblick über den gesamten Lernstoff verschaffen, 2. die Gründe auflisten, die dafür sprechen, die Prüfung zu machen, 3. an jedem Tag die Zeit registrieren, die er am Schreibtisch verbringt.

2. Schritt: Vorbereitende Gespräche

In dieser vorwiegend diagnostischen Phase bemüht sich der Therapeut, die für seinen verhaltenstherapeutischen Ansatz wichtigen Informationen zu erheben, und sie so zu verarbeiten, daß die nachfolgende Therapie auf einer soliden, erfolgversprechenden Basis aufgebaut werden kann.

So verschafft er sich über die folgenden Punkte Klarheit:

– 11 –

a) Aktuelle Problemlage: Die Arbeitsstörung des Patienten äußert sich

● auf der körperlich-emotionalen Ebene: als Unruhe, Aufgeregtheit und Angst vor der Prüfung

● auf der kognitiven Ebene: in Gedanken wie „Ich werde es nicht schaffen. Ich kann mich nicht konzentrieren. Ich bin unfähig." usw.

● auf der motorischen Ebene: Er verbringt wenig Zeit am Schreibtisch, verrichtet unnötige Handlungen, um die Arbeitssituation zu vermeiden, zieht sich ins Bett zurück, usw.

Die wichtigsten Bestandteile der depressiven Verstimmung sind Gefühle der Niedergeschlagenheit, der Hoffnungslosigkeit und Selbstvorwürfe.

b) Aktuelle Lebensumstände: Klaus lebt allein, hat keine Freundin und ist sozial relativ isoliert. Er telefoniert häufig mit seiner Mutter, hat kaum Hobbys oder besondere Interessen. Sein Tagesrhythmus ist ziemlich chaotisch. Er steht meistens spät auf und hat keine festen Arbeitszeiten. Finanziell ist er abgesichert, sodaß er sich ganz seinem Studium widmen könnte.

c) Lebensgeschichte unter besonderer Berücksichtigung früherer Probleme: Sie ergibt u.a., daß der Patient bis auf den heutigen Tag von der Mutter überbehütet und kaum zur Selbständigkeit erzogen wurde. Der Vater legte sehr viel Wert auf Leistung, war aber sonst in der Erziehung eher zurückhaltend.

– 12 –

Schon als Kind war der Patient relativ isoliert und hatte Kontaktschwierigkeiten. In der Schule und im Gymnasium lernte er sehr leicht und brauchte sich kaum anzustrengen. Er hat kaum je systematisch arbeiten müssen. Bis zum Umzug nach Berlin lebte er bei den Eltern.

d) Drei Testuntersuchungen: Psychologische Tests sind Untersuchungsmethoden, mit denen man sich relativ rasch einen Überblick über die Fähigkeiten oder die seelische Verfassung eines Menschen verschaffen kann. In unserem Fall sind die wichtigsten Ergebnisse: Die Intelligenz des Patienten ist sehr gut. Seine Konzentrationsfähigkeit ist nicht grundsätzlich beeinträchtigt. Seine depressive Verstimmung ist mittelschwer bis schwer.

Aus den Gesprächen mit Klaus ergibt sich, daß seine Therapiemotivation sehr groß ist. Allerdings ist er darauf eingestellt, sich vom Therapeuten „behandeln" zu lassen, das heißt, eher eine passive Rolle zu spielen.

3. Schritt: Auswertung der Informationen, Aufstellung der Therapieziele und des Therapieplans

Bei diesem Schritt versucht der Therapeut zuerst, die von ihm erhobenen Informationen in einen psychologisch sinnvollen Zusammenhang zu bringen. So gelangt er zu einem individuellen Erklärungsmodell für die Probleme des Patienten. In der Verhaltenstherapie heißt diese Theorie über die Störung des

– 13 –

Patienten *Verhaltensanalyse*. Bei unserem Patienten sieht dieses Modell (etwas vereinfacht) folgendermaßen aus:

Da die Testuntersuchungen weder für einen Mangel an Intelligenz noch für (etwa durch eine organische Erkrankung) herabgesetzte Konzentrationsfähigkeit sprechen, müssen andere Bedingungen für die aktuellen Arbeitsstörungen verantwortlich sein. Sie lassen sich auf dem Hintergrund seiner Entwicklung folgendermaßen verstehen: Beim Vater lernte er von früh an, sehr hohe Anforderungen an die eigene Leistung zu stellen. In der Grundschule und im Gymnasium konnte er sie nahezu mühelos erfüllen, da er sehr begabt ist und sich nie besonders anstrengen mußte. Der Patient hat nie gelernt, seine Arbeit systematisch zu organisieren und sein Studium längerfristig zu planen. Dieser Umstand, zusammen mit seinem hohen Leistungsanspruch und den im Laufe der Zeit sich aufbauenden Prüfungsängsten (Angst vor Versagen) stellen die wichtigsten Ursachen seiner Arbeitsstörung dar. Es gibt keinen Hinweis darauf, daß der Patient etwa aus Angst vor der später auf ihn zukommenden Verantwortung (unbewußt) das Studium verschleppt. Weil er kaum soziale Kontakte hat, die ihn stützen könnten, reagiert Klaus besonders negativ auf die Unsicherheiten in seinem Studium. In diesem Sinne ist seine depressive Verstimmung eine Reaktion auf seine Lebensprobleme. Seine soziale Isolierung ist das Ergebnis seiner Kontakt-

– 14 –

schwierigkeiten und mangelnden Selbständigkeit, die u.a. auf das überbehütende Verhalten der Mutter zurückzuführen sind.

Aus dieser Analyse leitet der Therapeut eine Reihe von Therapiezielen ab, die er mit dem Patienten bespricht.

1. Kurzfristige Therapieziele:

● Entscheidung, sich zur Prüfung zu melden oder nicht.

● kurzfristige Maßnahmen zur positiven Beeinflussung der Stimmung.

2. Mittelfristige Therapieziele:

● Regulierung des Tagesablaufes, mit dem Ziel, ein vernünftiges Verhältnis von Anspannung (Arbeit) und Entspannung (Freizeit) zu schaffen.

● allmählicher Aufbau von Arbeitsverhalten.

● Abbau der Prüfungsängste.

● angemessener Umgang mit Störgedanken (Ich schaffe es nicht, es hat alles keinen Sinn) oder überhöhten Ansprüchen (Ich muß alles perfekt machen).

3. Längerfristige Therapieziele:

● Abbau der Kontaktängste und Erhöhung der Durchsetzungsfähigkeit im Umgang mit anderen.

● Schaffung eines angemessenen Freundeskreises, Aufbau von Hobbys etc.

Gleichzeitig hat der Therapeut einen auf die individuellen Therapieziele des Patienten abgestimmten *Therapieplan* erarbeitet, den er ihm erläutert.

Er weist ihn auch darauf hin, wie wichtig seine aktive Mitarbeit für den Erfolg der Therapie ist. (Auf die Darstellung der einzelnen Maßnahmen durch die die Therapieziele jeweils erreicht werden sollen, will ich hier verzichten. Die wichtigsten Vorgehensweisen, die dabei zur Anwendung kommen, werden im zweiten Teil dieses Buches behandelt.)

Einigen sich Therapeut und Patient über die Ziele und die im groben dargestellten Vorgehensweisen, kann die eigentliche Therapie beginnen.

4. Schritt: Durchführung der Therapie

Die einzelnen Therapieschritte werden eingeleitet, wobei die Ergebnisse laufend kontrolliert werden, etwa anhand der täglich erfolgten Arbeitsstunden und der Erfassung der Stimmung.

Die am obigen Beispiel dargestellte therapeutische Strategie bildet das Kernstück der verhaltenstherapeutischen Arbeitsweise. Ich will das charakteristische daran noch einmal im nächsten Kapitel an sieben besonderen Merkmalen aufzeigen.

Sieben Merkmale der Verhaltenstherapie

1. Verhaltenstherapie ist auf den einzelnen Menschen ausgerichtet

Im Zentrum der Betrachtungsweise steht der Mensch mit seinen Eigenarten, Problemen und Schwächen aber auch mit seinen Fähigkeiten und Stärken. Die Schwächen und Defizite, die sich in störenden Symptomen, wie Angst und Depression, niederschlagen, sollen korrigiert werden und der Patient soll lernen, seine Stärken und seine Fähigkeiten auszubauen und bei der Bewältigung seines Lebens besser einzusetzen. Ausgangspunkt der Therapie ist die aktuelle Situation des Patienten, d.h. die momentanen Probleme. Dabei dürfen jedoch zwei Gesichtspunkte nicht außer Acht gelassen werden:

Jeder Mensch hat eine ganz individuelle Geschichte. In der Vergangenheit, etwa in der Kindheit, war er Einflüssen ausgesetzt, die von entscheidender Bedeutung für sein jetziges Verhalten sind. So sind die aktuellen Probleme von Klaus durchaus durch die Erziehung seitens seiner Eltern mitbedingt. Dennoch müssen Veränderungen, wie der Abbau von Ängsten und der Aufbau von Ausdauer beim Arbeiten, *hier und jetzt* erfolgen.

Darüberhinaus ist der Mensch immer eingebunden in seine Umgebung (Verhalten der Menschen um ihn herum, materielle Situation usw.). Man muß also immer bedenken, welche Rolle die aktuelle Umwelt bei der Entstehung und Überwindung der Schwierigkeiten spielt.

Sowohl die Analyse der Probleme (Verhaltensanalyse) als auch die Aufstellung der Therapieziele und die eigentlichen Therapie orientieren sich an den ganz einzigartigen aktuellen wie vergangenen Bedingungen des Patienten. Es gibt kein routinemäßiges mechanisches Vorgehen in der Verhaltenstherapie.

2. Verhaltenstherapie geht schrittweise vor

Menschen verändern sich nicht von einem Moment zum anderen. Dazu ist ein allmählicher Umlernprozeß erforderlich. Deshalb wählt die Verhaltenstherapie meist ein schrittweises Vorgehen. Dabei werden dringende Veränderungen zuerst angestrebt und man schreitet vom einfachen zum schwierigeren fort. So werden in unserem Beispiel Therapieziele in kurzfristig angestrebte Ziele (wie die Veränderung des Tagesablaufs) und längerfristige (Verbesserung der Druchsetzungsfähigkeit) eingeteilt. Dadurch fühlt sich der Patient an keiner Stelle der Therapie überfordert, und weitere Fortschritte können auf der Basis des schon Erreichten aufgebaut werden.

3. Verhaltenstherapie ist für den Patienten durchschaubar und einsichtig

Sowohl bei der Definition der Probleme als auch bei der Auswahl der Ziele und der geeigneten Therapieverfahren wird der Patient soweit wie möglich in die Überlegungen des Therapeuten miteinbezogen. Er ist zu jeder Zeit darüber informiert, woran und mit welchen Mitteln gearbeitet wird. Der Therapeut er-

– 18 –

muntert ihn ausdrücklich, über Bedenken und Unsicherheiten in der Therapie zu sprechen. Er soll lernen, immer selbständiger eigene Schwierigkeiten zu analysieren und zu beheben. Mahoney, ein bekannter Verhaltenstherapeut meint, jede Therapie müsse auch bewirken, daß der Patient zum „Wissenschaftler für die eigene Person" ausgebildet wird. Er soll ein immer besserer „Problemlöser" werden der zu seinem und zum Nutzen anderer in der Lage ist, seine Lebenssituation zu durchschauen und zu bewältigen.

4. Verhaltenstherapie aktiviert den Patienten

Wie wir gesehen haben, ist die Motivation unseres Patienten für eine Therapie zwar sehr gut, doch ist er eher darauf eingestellt, eine passive Rolle zu spielen, d.h. sich vom Therapeuten heilen zu lassen. Man spricht gelegentlich auch von dem „Reparaturbedürfnis", das viele Menschen in der Therapie an den Tag legen: In ihnen sei etwas kaputt, was der Therapeut reparieren müsse. Verhaltenstherapeuten bemühen sich, dieser verständlichen, aber nicht förderlichen Haltung so früh wie möglich entgegenzuwirken. An unserem Beispiel sehen wir, daß der Patient gleich zu Beginn Aufgaben übernimmt, die wertvolle Informationen für die Therapie liefern und ihn gleichzeitig aus seiner Passivität herausbringen. Er arbeitet in jeder Phase der Therapie aktiv mit, aktiviert seine Fertigkeiten und Stärken und setzt sie zu seinem Nutzen ein.

– 19 –

5. Verhaltenstherapie orientiert sich an der Psychologie als Wissenschaft

Jeder Versuch, Menschen bei der Überwindung ihrer seelischen Probleme zu helfen, benötigt einen theoretischen Hintergrund. Darauf beruhen sowohl Erklärungen für das Zustandekommen der Störungen als auch Überlegungen zu ihrer Überwindung. Die Verhaltenstherapie orientiert sich an der Psychologie, die in Jahrzehnten viele Theorien und Prinzipien gefunden hat, nach denen das Seelenleben funktioniert. Besonders nützliche Hinweise geben die sogenannten Lerntheorien, die untersuchen, wie sich menschliches Verhalten unter dem Einfluß verschiedener Bedingungen verändert. Auch die Erforschung der Gedankenabläufe (kognitive Psychologie) und der Gefühle (Emotionspsychologie), die Sozialpsychologie, die den zwischenmenschlichen Umgang untersucht, und viele andere Richtungen liefern wertvolle Informationen.

Wir werden bei der Beschreibung typischer verhaltenstherapeutischer Vorgehensweisen sehen, daß einige Verfahren direkt auf eine Veränderung des motorischen Verhaltens abzielen, andere versuchen unangepaßte Gefühle zu beeinflussen oder korrigieren fehlerhafte Gedankenabläufe, die bei bestimmten Krankheiten eine Rolle spielen. Bei den letztgenannten Vorgehensweisen spricht man auch von kognitiven Verfahren. Gerade sie haben in der heuti-

– 20 –

gen Verhaltenstherapie eine große Bedeutung erlangt.

6. Verhaltenstherapie greift auf bewährte Verfahren zurück

Keine Psychotherapie darf zu einem Experiment mit Menschen werden. Es gibt in diesem Bereich viele Vorgehensweisen, die sicher gut gemeint und deren Wirksamkeit jedoch nicht überprüft ist. Darüberhinaus können nicht nur Medikamente sondern auch Umgangsformen mit Menschen mehr schädliche Nebenwirkungen als positive Effekte haben. Die Verhaltenstherapie hat den Anspruch, letztlich nur Verfahren anzuwenden, deren positive Wirkung eindeutig belegt ist. Wenn auch die Therapie ganz individuell ausgerichtet ist, so sollen doch die einzelnen Verfahren in ihrer Nützlichkeit hinreichend abgesichert sein.

7. Verhaltenstherapie respektiert die Eigenart des Menschen

Kanfer, ein prominenter Vertreter der Verhaltenstherapie, hat einen wichtigen Therapieleitsatz formuliert, den er das „Prinzip des minimalen Eingriffs" nennt. Er verlangt, daß in das Leben und die Persönlichkeit nur soweit eingegriffen werden darf, wie es unbedingt nötig ist, um den Menschen von seelischen Krankheiten und Störungen zu befreien. Therapie darf nicht zu politischer oder weltanschaulicher In-

– 21 –

doktrination werden. Das, was der einzelne Therapeut für wichtig und richtig hält, darf nicht dem Patient aufgedrängt werden. Dieser benötigt zeitweilig Hilfe in bestimmten Bereichen seines Lebens. Ansonsten ist er ein autonomes Individuum, dessen Persönlichkeit zu respektieren ist.

Ich habe bisher versucht, den Begriff Verhalten zu erläutern und die Verhaltenstherapie als Strategie anhand eines konkreten Beispiels und einiger typischer Merkmale zu verdeutlichen.

Wie Verhaltenstherapeuten bei häufig auftretenden seelischen Störungen vorgehen, will ich in den kommenden Kapiteln beschreiben.

Die Auswahl der Methoden, die ich getroffen habe, scheint mir zum einen typisch für die verhaltenstherapeutische Arbeitsweise zu sein. Zum anderen werden sie bei Störungen angewandt, die häufig in der Praxis vorkommen.

– 2 –
Verhaltenstherapie bei Ängsten

Angst ist ein unangenehmer Erregungszustand in Situationen, die als bedrohlich oder ungewiß erlebt werden. Die Hauptanteile dabei sind:

● *Der körperlich-emotionale Anteil:* Der Betroffene registriert die eigene körperliche Erregung (Beschleunigung des Herzschlages, feuchte Hände, weiche Knie usw.)

● *Der kognitive Anteil:* Der Betroffene ist besorgt, denkt an bevorstehende Gefahren, an die eigene Unzulänglichkeit im Umgang damit, an mögliche Mißerfolge, Schädigungen, usw.

● *Der motorische Anteil:* Der Betroffene ergreift die Flucht oder vermeidet die kritischen Situationen, er reagiert mit typischen Ausdrucksmerkmalen von Angst in Haltung, Gesichtsausdruck und Stimme.

Es gibt wenige Ereignisse oder Situationen im Leben, auf die der Mensch instinktiv, d.h. aufgrund einer vererbten Anlage mit Angst reagiert. Die meisten Situationen, in denen Erwachsene und Kinder Angst verspüren, sind erst durch vorangegangene Lernprozesse zu Angstauslösern geworden.

Wenn z.B. jemand aufgrund einer Panne für längere Zeit in einem Aufzug steckenbleibt, mag er in dieser Situation mit Aufgeregtheit und Besorgnis reagieren. Er ist eingeschlossen, fragt sich, wie lange es wohl dauert, bis er befreit wird usw. Vielleicht tauchen auch unrealistische Gedanken auf, wie er könne ersticken oder einen Herzanfall erleiden. Diese Gedanken gehen mit den typischen Erregungs-zuständen einher, die ich eben beschrieben habe. Das wird vor allem bei Personen der Fall sein, die sich leicht aufregen, d.h. körperlich stark reagieren und die dazu neigen, sich schnell bedroht zu fühlen. Im Anschluß an ein solches Erlebnis stellt der Betroffene bei der nächsten Gelegenheit vielleicht fest, daß sich sein Verhältnis zum Aufzugfahren grundlegend ge-ändert hat. Er reagiert jetzt (wenn es darum geht, einen Aufzug zu benutzen) schon im Vorhinein mit einer gewissen Aufgeregtheit und mit Gedanken an eine mögliche Gefährdung. Aus der ehemals un-problematischen Situation ist eine Situation gewor-den, auf die er unwillkürlich mit Angst reagiert und zwar aufgrund eines vorangegangenen Erlebnisses. Darüberhinaus kann sich die Angst auf Situationen übertragen, die eine gewisse Ähnlichkeit mit Aufzug-fahren haben, z.B. auf enge Räume, auf Einge-schlossensein, in Menschenmassen usw.

In der Psychologie sagt man, daß Aufzugfahren zu einer angstauslösenden Situation geworden ist, und zwar aufgrund eines Lernprozesses, der in der Fach-sprache „klassisches Konditionieren" heißt. Darunter versteht man die Tatsache, daß eine bislang neutrale

Situation mit Angst besetzt wird. Das geschieht dadurch, daß sie früher einmal oder mehrmals mit unangenehmen Erlebnissen in Zusammenhang stand. Diese Form des Lernens ist von großer Bedeutung bei der Entstehung von Ängsten. Es kann aber auch sein, daß jemand schon als Kind, etwa von der Mutter vor Aufzügen gewarnt wurde; sie seien gefährlich, man könne darin steckenbleiben etc. Auch auf diese Weise kann er eine Abneigung gegen Aufzüge entwickeln, die sehr hartnäckig ist. Er reagiert mit Angst beim bloßen Gedanken, Aufzüge zu benutzen. Ängste können also nicht nur durch eigene Erlebnisse, sondern auch „am Modell" erworben werden: Andere warnen einen vor etwas und die Angst setzt sich fest.

Bei alledem darf nicht übersehen werden, daß Angst an sich eine nützliche Reaktion ist, die uns vor realen Gefahren warnt und Kräfte für deren Bewältigung freisetzt. So gesehen hat sie eine bedeutsame Schutzfunktion. Aber bei einigen Menschen ist sie außer Kontrolle geraten. Sie haben auch dann Angst, wenn gar keine reale Gefahr droht, oder sie ist so stark, daß sie wie gelähmt sind. So kann die Angst zum zentralen Problem des gesamten Lebens werden. In solchen Fällen hat sie ihren positiven und nützlichen Charakter verloren und wir sprechen von seelischen Störungen, deren Hauptsymptom die Angst ist.

Erscheinungsformen von Ängsten

Ängste, die nichts mit realen Gefahren zu tun haben, oder die so heftig sind (z.B. vor einer Prüfung), daß sie den Menschen eher lähmen als ihm nutzen, gelten als seelische Krankheit und bedürfen einer gezielten Behandlung.

Die Verhaltenstherapie hat sich vor allem auf drei Störungen konzentriert, bei denen Angst das Hauptsymptom ist:

– einfache Phobien: Es handelt sich dabei um Angstreaktionen auf relativ klar abgegrenzte Objekte, wie Hunde, Katzen, Spinnen, Insekten, oder auf besondere Situationen wie Feuer, Umgang mit Elektrogeräten usw.

– komplexe Phobien: Dabei handelt es sich um lang andauernde Angstreaktionen in Situationen, die mit Menschenansammlungen (etwa Kaufhaus, überfüllte Räume) oder mit Enge (z.B. Flugzeuge, Aufzüge), mit Höhe oder mit Weite (z.B. weite Plätze) zu tun haben. Eine häufige Störung ist die Straßenangst oder Agoraphobie: Der Betroffene empfindet Angst, sich von Personen oder Orten zu entfernen, die ihm Sicherheit bedeuten, z.B. von der eigenen Wohnung. Wenn besonders starke körperliche Symptome, wie Herzrasen, Erstickungsanfälle bis hin zu Todesängsten, auftreten, spricht man von Panikanfällen.

– soziale Phobien: das sind Ängste im Umgang mit Menschen, besonders in Situationen, bei denen

Kritik, Ablehnung oder Mißerfolg erwartet werden. Dazu gehören auch spezielle Ängste, wie Sprech- oder Prüfungsangst.

Neben diesen Störungen können Ängste auch bei anderen Krankheiten, wie Zwängen, Depressionen usw. vorkommen. Darüber wird später berichtet.

Die Verhaltenstherapie hat im Laufe der Zeit eine ganze Reihe von Methoden entwickelt, die sich als wirksame Instrumente zur Bekämpfung von Ängsten bewährt haben: Auf den folgenden Seiten will ich versuchen, einen Eindruck von der praktischen Arbeit in diesem Bereich zu geben. Doch davor möchte ich vor einem Mißverständnis warnen: Die Verhaltenstherapie besteht nicht in der mechanischen Anwendung von Therapietechniken nach dem Motto: Wenn Störung X vorliegt, dann wähle man Methode Y. Bei komplizierten menschlichen Problemen sind einzelne Vorgehensweisen immer Bestandteil eines Gesamttherapieplanes. Dieser Plan ergibt sich, wie wir gesehen haben, aus der genauen Analyse der gegenwärtigen und vergangenen Lebenssituation des Patienten. Ich hoffe, daß dies noch deutlich wird. Trotzdem halte ich es für sinnvoll, einzelne typische Methoden sozusagen als verhaltenstherapeutische „Arbeitsproben" zu schildern.

Systematische Desensibilisierung

Die systematische Desensibilisierung wurde von J. Wolpe entwickelt. Der Begriff der Desensibilisierung bedeutet, daß bei einem Menschen, der in bestimmten Lebensbereichen zu ängstlich reagiert, ein Abbau dieser übergroßen Sensibilität erfolgt. Dies geschieht mittels eines Verfahrens, dessen Grundprinzip Wolpe gefunden hat. Es lautet: Wenn es gelingt in einer Situation, in der bislang immer Angst empfunden wurde, eine andere Reaktion hervorzurufen, die der Angst entgegengesetzt ist, dann wird die Angst dadurch allmählich abgebaut. Die Situation wird wieder neutral. Man kann auch sagen, der Betroffene hat sich allmählich so an die angstauslösende Situation gewöhnt, daß er keine nennenswert negativen Reaktionen mehr empfindet. Es gibt verschiedene Reaktionen, die der Angst entgegengesetzt sind und die in einer Desensibilisierung eingesetzt werden können. Die wichtigsten sind Entspannung, Ärger, Freude und Humor. Am häufigsten wird in der Praxis mit Entspannung gearbeitet. Ich werde nun die einzelnen Schritte einer Desensibilisierung anhand eines konkreten Beispiels schildern:

Systematische Desensibilisierung in der Vorstellung bei einer Hundephobie

Herr B. ist 30 Jahre alt und verheiratet. Er hat eine panische Angst vor Hunden. Er vermeidet bestimmte Wege um jeden Preis, weil sie ihm zu gefährlich erscheinen. Die Wahrscheinlichkeit, dort großen Hunden zu begegnen, sei zu groß. Wenn er einen Hund schon aus der Ferne sieht, flüchtet er zeitweilig in einen Hauseingang. Meistens hat er einen Regenschirm dabei, um sich gegen mögliche angreifende Hunde wehren zu können. Den Beginn seiner

Hundephobie führt er auf ein Erlebnis zurück, das er als 7-jähriges Kind hatte. Er wurde von einem Schäferhund gebissen, als er versuchte, ihn zu streicheln. Kurz darauf floh er vor einem großen Hund in einen Keller und traute sich mehrere Stunden nicht heraus. Er habe dort während der ganzen Zeit unter Höllenqualen gelitten. Bis zu seinem Studium war die Angst erträglich, aber nie ganz weg. Nach seinem Umzug in eine fremde Stadt (Studienort) wurden die Ängste wieder schlimmer. Sie hielten sich bis auf den heutigen Tag.

Ich will hier nicht weiter auf die Geschichte und auf die Lebensumstände von Herrn B. eingehen. Der Ursprung der Hundephobie läßt sich ausreichend durch die kindlichen Erlebnisse mit Hunden erklären. Deshalb kann man die Angstsymptome direkt angehen, und zwar mit einem Verfahren das systematische Desensibilisierung in der Vorstellung genannt wird. Sie besteht aus drei Schritten:

In einem ersten Schritt werden typische Situationen im Umgang mit Hunden nach dem Grad der Angst, die Herr B. empfindet, gestaffelt.

In einem zweiten Schritt erlernt Herr B. eine Entspannungstechnik, in diesem Fall die Muskelentspannung nach Jacobson. Nach diesen Vorbereitungen erfolgt die eigentliche Desensibilisierung, der dritte Schritt. Sie wird hier so durchgeführt, daß der Patient sich die kritischen Situationen *vorstellt*. Wolpe hat diese Vorgehensweise in die therapeutische Praxis eingeführt. Er fand heraus, daß ein Patient, der sich im Zustand der Entspannung (angsthemmende Reaktion) problematische Situationen vorstellt und dabei entspannt zu bleiben, in der Regel allein dadurch schon viel weniger Angst hat, wenn er den Situationen wirklich ausgesetzt ist.

Ich gebe nun einige nähere Erläuterungen zu den einzelnen Schritten:

1. Aufstellung einer Angsthierarchie

Die Phobie von Herrn B. ist auf die Begegnung mit Hunden begrenzt. Die intensive Befragung (Verhaltensanalyse) ergibt, daß folgende Umstände dabei eine Rolle spielen: Die Angst ist umso stärker, je größer und je näher die Hunde sind. Daneben spielt es eine Rolle, ob die Hunde an der Leine sind, ob er alleine ist und ob er einen Fluchtweg offen hat. Durch Kombination dieser Elemente kann eine Reihe von typischen Situationen konstruiert werden, wobei Herr B. jeweils angibt, wie stark die Angst ist, geschätzt auf einer Skala von 0 (angstfrei) bis 100 (absolute Panik). Auf die Art erstellen der Therapeut und der Patient zusammen die Angsthierarchie, die später in der Desensibilisierung bearbeitet wird. In unserem Fall sieht sie folgendermaßen aus:

Angsthierarchie

kleiner Hund, an der Leine, 10 Meter Entfernung	5
kleiner Hund, an der Leine, 5 Meter Entfernung	10
mittelgroßer Hund, hinter einem Zaun, Pat. geht auf der anderen Straßenseite	15
mittelgroßer Hund, hinter einem Zaun, Pat. geht auf der gleichen Straßenseite	20
mittelgroßer Hund, bellend hinter einem Zaun, Pat. geht auf der anderen Straßenseite	25

mittelgroßer Hund, bellend hinter einem Zaun, Pat. geht auf der gleichen Straßenseite	35
kleiner Hund läuft frei herum, Pat. in Begleitung	40
kleiner Hund läuft frei herum, Pat. allein	50

usw. bis

großer Hund, bellend, läuft frei herum, Pat. allein   100

2. Erlernen der progressiven Muskelentspannung nach Jacobson

Das Grundprinzip der Desensibilisierung besteht darin, daß sich der Patient in entspanntem Zustand vorstellt, er befinde sich in den Situationen, die in der Angsthierarchie aufgeführt sind.

Im zweiten Schritt der Vorbereitungsphase erlernt der Patient, meist parallel zur Hierarchienbildung, eine Entspannungstechnik: Das Training nach Jacobson funktioniert folgendermaßen: Die wichtigsten Muskelgruppen des Körpers (Arme und Hände, Schultern und Nacken, Stirn und Gesicht, Rücken und Beine, Brust und Bauch) werden abwechselnd angespannt und wieder entspannt. Dabei werden vom Therapeuten angenehme Gefühle und Ruhe suggeriert. Der Patient übt selbständig ein bis zweimal am Tag, u.U. mit Hilfe einer Kassette, auf die der Therapeut die Anweisungen gesprochen hat. Im Allgemeinen beherrscht der Patient die Technik nach drei bis vier Wochen.

3. Eigentliche Desensibilisierung in der Vorstellung

Der Patient versetzt sich in einen entspannten Zustand. Dann soll er sich die unterste Stufe der Hierarchie vorstellen (10 bis 20 Sekunden). Die Szene wird so oft wiederholt, bis sie angstfrei erlebt werden kann. Dann erfolgt die nächste. Zwischendurch erhält der Patient immer wieder Entspannungsinstruktionen. Auf diese Art werden alle Szenen desensibilisiert, d.h. die Vorstellungsinhalte werden von der damit gekoppelten Angstreaktion befreit. Folgender Therapieauszug soll die Vorgehensweise verdeutlichen:

Th.: Herr B., wir wollen also in der Hierarchie fortfahren. Zuerst bitte ich Sie, sich wieder zu entspannen (Pause). Sie fangen mit den Händen und mit den Armen an (10 s Pause). Jetzt gehen Sie zu den Schultern über (10 s) und zu den Muskeln des Nackens (10 s). Nun kommt die Stirn dran (10 s) und dann das ganze Gesicht (10 s). Jetzt entspannen Sie die Muskeln des Brustkorbs (10 s), des Bauchs (10 s), des Rückens (10 s), der Beine (10 s) und der Füße (10 s). Wenn Sie sich ganz entspannt fühlen, können wir anfangen (20 s). Wir fangen mit folgender Szene an: Sie sehen einen mittelgroßen Hund hinter einem Zaun. Sie sind auf der anderen Straßenseite und gehen ruhig vorbei. Nun fangen Sie an, sich die Szene intensiv vorzustellen (15 s). So, jetzt können Sie die Vorstellung abbrechen. Und jetzt entspannen Sie sich wieder. Widmen Sie sich ganz dem angenehmen Gefühl der Ruhe und der Entspannung (30 s). Jetzt wiederholen wir noch einmal die Szene: Sie gehen auf der Straße und sehen auf der anderen Seite einen mittelgroßen Hund hinter einem Zaun. Bitte machen Sie sich ein klares Bild davon (15 s), usw. ...

In dem Maße, wie der Patient in der Hierarchie fortschreitet und seine Ängste sich vermindern, wird er erleben, daß er auch in der Wirklichkeit, d.h. in seinem täglichen Leben, weniger ängstlich reagiert. Dann können Aufgaben mit ihm besprochen werden, die z.B. darin bestehen, daß er ehemals gemiedene Wege geht und gezielt die Konfrontation mit Hunden sucht.

Die systematische Desensibilisierung in der Vorstellung ist ein Therapieverfahren, dessen Wirksamkeit durch viele Untersuchungen belegt ist. Durch das schrittweise Vorgehen in der Hierarchie gelingt es dem Patienten, sich so an die Situationen zu gewöhnen, daß auch in der Wirklichkeit keine nennenswerten Ängste mehr auftreten. Die Erfolgsaussichten sind umso größer, je genauer die Angstauslöser herausgearbeitet werden können, (wie z.B. Ängste vor Fliegen, Autofahren, vor Tieren usw.). Aber auch bei Angst vor dem Sprechen in der Öffentlichkeit oder vor Prüfungen leistet sie gute Dienste. Sie wurde auch z.B. mit gutem Erfolg bei den Prüfungsängsten des Studenten angewendet.

Wie wir am vorigen Beispiel gesehen haben, kann es durchaus sinnvoll sein, Ängste anhand von Therapeutischen Übungen anzugehen, bei denen die gefürchteten Situationen oder Objekte nur in der Vorstellung erlebt werden. Bei anderen Problemen ist eine Strategie günstiger, die eine direkte Konfrontation in der Wirklichkeit herbeiführt. Das ist vor allem

– 33 –

bei komplexen Phobien so. Auch in diesem Fall könnte man gestuft vorgehen: Der Patient nimmt zunächst weniger angstmachende Situationen in Angriff und schreitet dann allmählich zum immer Schwierigeren fort. Es gibt aber eine alternative Strategie, die auf anderen Prinzipien beruht. Ich möchte sie als nächte am Beispiel der Agoraphobie darstellen.

Verhaltenstherapie bei Agoraphobie

Die Agoraphobie ist eine der häufigsten Erkrankungen, bei der Angst im Vordergrund steht. Die Angst, die in etwa der Hälfte der Fälle als Panik auftritt, taucht v.a. in folgenden Situationen auf: Auf der Straße und auf weiten Plätzen, in überfüllten Geschäften oder Kinos, in öffentlichen Verkehrsmitteln, in Warteschlangen und in Räumen, wo der Ausgang nicht unmittelbar erreichbar ist. Der Patient empfindet oft keine Beschwerden, wenn eine ihm nahestehende Person bei ihm ist. Ansonsten neigt er stark dazu, die kritischen Situationen zu meiden. Besonders Personen, die seit Jahren oder gar Jahrzehnten unter einer Agoraphobie leiden, organisieren oft ihr ganzes Leben so, daß sie möglichst die Situationen meiden, in denen sie Angst erwarten. Sie fahren z.B. auf besonderen Wegen zur Arbeit, halten sich ständig Begleitpersonen in Bereitschaft usw. Die Störung beginnt oft in Lebensabschnitten, bei denen sie vermehrt Streß ausgesetzt sind, etwa bei körperlichen oder seelischen Belastungen, in Partnerschaftskrisen usw.

– 34 –

Wenn solche Phobien lange Zeit andauern, können sie einen, dem Kranken nicht bewußten Stellenwert im Leben erlangen. Sie dienen dann z.B. als Entschuldigungen, sich Mühen oder Risiken nicht zu stellen („Ich möchte ja gerne, aber die Angst hindert mich daran"), oder sie können, wieder unbewußt, ein Instrument sein, um bestimmte Personen, etwa den Partner, bei der Stange zu halten („Geh nicht weg, sonst kommt die Angst"). Wenn solche Faktoren eine Rolle spielen, hat das Konsequenzen für die verhaltenstherapeutischen Strategie: Einmal wird direkt auf das Symptom (Angst) eingewirkt. Zum anderen werden auch Problembereiche bearbeitet, die die Persönlichkeit des Kranken, seine Beziehungen usw. betreffen. Doch wir wollen hier, wieder als Probe verhaltenstherapeutischer Arbeit, die Maßnahmen gegen die Angst näher erläutert.

Expositionstraining in der Wirklichkeit

Bei der Therapie der Hundephobie haben wir die Desensibilisierung kennengelernt, bei der die Auseinandersetzung mit den gefürchteten Situationen zunächst in der Vorstellung stattfindet. Bei komplexen Phobien, wie der Platzangst, bevorzugt man eine Herangehensweise, bei der die therapeutische Arbeit unmittelbar in den Situationen erfolgt, in denen der Patient Angst hat. Auch geht man nicht schrittweise vor, sondern der Patient setzt sich gleich den Situationen aus, die er am meisten fürchtet. Diese

Konfrontation mit den Angstsituationen nennt man Exposition. Die Strategie verlangt vom Patient ein Verhalten, das seinem bisherigen entgegengesetzt ist. Statt die gefürchteten Situationen zu vermeiden, soll er sie jetzt bewußt aufsuchen. Statt zu versuchen, eventuell auftretende Ängste zu unterdrücken oder sich abzulenken, soll er sie jetzt zulassen und sich ihnen stellen.

Es ist klar, daß ein solches Verfahren nicht angewendet wird, wenn der Patient nicht ausdrücklich zustimmt. Deshalb wird vorher ausführlich mit ihm besprochen, wie die Vorgehensweise funktioniert und was ihn erwartet. Auch eventuelle Bedenken („Ich halte das nicht aus. Ich könnte vor Angst sterben") müssen vom Therapeuten glaubhaft entkräftet werden. Entschließt sich der Patient zu dieser Therapieform, werden die Situationen ausgewählt, die für ihn am kritischsten sind (z.B. Aufenthalt in der dritten Etage eines Kaufhauses zu Stoßzeiten oder ein bestimmter Weg auf der Straße, der weit von der Wohnung wegführt).

Der Patient erhält vor der Übungssituation folgende Instruktionen zum Umgang mit sich selbst (nach I. Hand):

„Lassen Sie alle aufkommenden Gefühle zu, beobachten und beschreiben Sie sich selbst, wie Ihre Umgebung wirklich aussieht und Ihr Körper reagiert; gehen Sie nicht Ihren Phantasien über mögliche schlimme oder katastrophale Ereignisse nach – versuchen Sie aber auch nicht, Ihre Angst oder andere unangenehme Gefühle durch irgendwelche gedankliche oder Verhaltenstricks zu unterdrücken. Wenn auf diese Weise die Situation scheinbar unerträglich wird, versuchen Sie sich weitere 10 Sekunden zu geben, um in der Situation zu bleiben und mit der Beschreibung der äußeren und inneren Realität fortzufahren."

Am wichtigsten ist, daß der Patient den Versuch nicht frühzeitig abbricht (Flucht) oder versucht, gegen eventuell aufkommende Ängste anzukämpfen. Tritt starke Angst auf, dann macht er zum ersten Mal die überraschende Erfahrung, daß sie von allein wieder abklingt (in der Regel nach ein bis zwei Minuten, manchmal kann es etwas länger dauern). Immer aber merkt der Patient, daß seine Katastrophenphantasien („Ich falle um, ich sterbe") nicht eintreten. Das wichtigste Ziel der Übung besteht darin, daß der Patient direkt in der kritischen Situation einen angemessenen Umgang mit den Angstsymptomen auf der körperlich-emotionalen und auf der motorischen Ebene lernt. Dadurch ändert sich schließlich auch seine Sichtweise der entsprechenden Situation. Die Ängste werden immer schwächer, bis keine nennenswerten Symptome mehr auftreten. Es gibt viele Varianten, in der die Therapie nach diesem Grundmuster erfolgt: Gleich allein oder zunächst in der Begleitung des Therapeuten, in einer Gruppe von Personen mit der gleichen Störung usw. Das Verfah-

– 37 –

ren ist das wirksamste Mittel, um auch seit Jahren bestehende Agoraphobien zu heilen. Es treten so gut wie nie Komplikationen dabei auf. Gelegentlich berichteten Patienten, daß sie nach dem ersten *erfolgreichen* Therapieabschnitt Alpträume hatten oder mit Schrecken daran gedacht haben, was alles hätte schief gehen können. Mit diesen, meist sehr kurzfristigen „Nebenwirkungen" weiß jeder erfahrene Therapeut umzugehen.

Doch darüber hinaus dürfen wir nicht vergessen, daß wir es in der Verhaltenstherapie immer mit einer auf die Gesamtproblematik des Patienten abgestimmten Strategie zu tun haben. Es werden also auch andere Schwierigkeiten des Patienten bearbeitet, auch solche, die sich manchmal – erstaunlicherweise für ihn und seine Partner – aus dem raschen Abbau der Phobie ergeben können.

Verhaltenstherapie bei sozialen Ängsten

Andere Probleme, deretwegen Patienten häufig in die Praxis kommen, beziehen sich auf den zwischenmenschlichen Umgang. Ein wichtiges Merkmal, worin sich Menschen unterscheiden, ist der Grad ihrer sozialen Kompetenz. Darunter versteht man die Fähigkeit, sich mit seiner Umgebung so auseinanderzusetzen, daß die eigenen Bedürfnisse befriedigt werden. Eine geringe soziale Kompetenz kann mehrere Ursachen haben. Einmal können wichtige Fertigkeiten im Umgang mit anderen unterentwickelt sein, weil in der Erziehung die Lernbedingungen schlecht waren. Dann ist zum Beispiel das Verhalten bei Kontaktaufnahme, beim Ausdrücken eigener Wünsche, die Fähigkeit „Nein" zu sagen, usw. mangelhaft. Das kann etwa deshalb so sein, weil in der Kindheit kein Modell da war, von dem man das Verhalten angemessen lernen konnte. Es kann aber auch sein, daß beim Kind jeder Versuch, sich durchzusetzen oder selbständig Entscheidungen zu treffen, massiv bestraft wurde, etwa durch einen herrschsüchtigen und intoleranten Elternteil. In diesem Fall verfügt derjenige zwar über geeignete Verhaltensweisen, traut sich aber nicht, sie einzusetzen, weil soziale Ängste, wie Angst vor Strafe oder Ablehnung, ihn daran hindern. Als Folge mag sich auf der kognitiven Ebene eine „Ideologie" herausgebildet haben, die diese ängstliche Haltung noch verfestigt. Innere Leitsätze wie „Ich darf nicht auffallen, ich muß mich immer so verhalten, daß andere mit mir zufrieden sind" oder „Ich darf keinen einzigen Fehler machen, sonst bin ich ein Versager" spielen dann, wenn auch nicht voll bewußt, eine wichtige Rolle.

Das verhaltenstherapeutische Vorgehen, das hier Abhilfe schaffen kann, verfolgt mehrere Ziele:

1. Verhaltensweisen im Sozialbereich, die der Patient aufgrund seiner Lebensgeschichte nicht entwickeln konnte, werden neu gelernt und aufgebaut.

2. Ängste, die ihn daran hindern, sich seinen Zielen gemäß zu verhalten, werden abgebaut.

3. Die Einstellungen (kognitive Momente), die der ängstlichen Haltung zu Grunde liegen wird verändert.

Ein therapeutisches Verfahren, das für die Erreichung der ersten beiden Ziele geeignet ist, ist das Selbstsicherheitstraining.

Selbstsicherheitstraining bei sozialen Ängsten

Das Selbstsicherheitstraining oder Training der sozialen Kompetenz kann sowohl in der Einzeltherapie als auch in der Gruppe erfolgen. Es hat einen charakteristischen Aufbau, der noch einmal ganz gut die typische verhaltenstherapeutische Vorgehensweise verdeutlicht. Der Überschaubarkeit halber will ich ihn in einzelne Schritte unterteilen.

1. Der Patient listet mit Hilfe des Therapeuten Situationen auf, die ihm in der Vergangenheit Schwierigkeiten gemacht haben, oder bei denen er welche erwartet. Solche Situationen sind z.B.:

● Der Mutter mitteilen, daß man sie nicht zu Weihnachten besuchen wird,

● Dem Freund sagen, daß man ein eigenes Zimmer in der neuen Wohnung haben möchte,

● In einem Geschäft die Qualität der Ware bemängeln usw.

Die Situationen werden nach dem subjektiven Schwierigkeitsgrad in eine Hierarchie gebracht.

– 40 –

2. Der Therapeut erläutert die Prinzipien des Trainings. Neue Reaktionsweisen werden abgesprochen und geübt, auch um vorhandene Ängste abzubauen. Sie sollen, allgemein ausgedrückt, ein gesundes Mittelmaß zwischen passiv-nachgiebig und aggressivfordernd ausdrücken. Die einzelnen Bestandteile des Verhaltens werden bei der jeweiligen Situation genau abgesprochen. Jeder Schritt wird solange geübt, bis er angstfrei beherrscht wird.

3. Eine konkrete Situation mit einem niedrigeren Schwierigkeitsgrad wird ausgewählt. So möchte z.B. eine Patientin ihrem Freund mitteilen, daß sie ein eigenes Zimmer in der neuen Wohnung haben will. Sie erwartet, daß er dies ablehnt und sie „fertig macht".

In einem Rollenspiel verhält sich die Patientin auf ihre bisherige Art. Der Therapeut übernimmt die Rolle des ablehnenden Freundes.
Hier der Dialog, gekürzt wiedergegeben:

Pat.: Du, Uli, in der neuen Wohnung wäre es schön, ein eigenes Zimmer zu haben. Ich dachte, wenn es geht ...
Th.: Ein eigenes Zimmer, so ein Blödsinn. Kommt gar nicht in Frage!
Pat.: Nie gönnst Du mir was! Ich dachte bloß ...
Th.: Wir brauchen ein Wohnzimmer. Wir haben keinen Platz zu verschenken!
Pat.: Aber es wäre schön, einen Raum zu haben, wo ich ...
Th.: Anna, hör auf mit dem Unsinn!
Pat. (fängt auch im Rollenspiel an zu weinen): Du liebst mich nicht, mach doch was Du willst! (bricht das Rollenspiel ab).

– 41 –

4. Die Gesamtsituation, besonders das Verhalten der Beteiligten, wird ausführlich analysiert. Der Therapeut spricht mit der Patientin über die langfristigen Konsequenzen ihrer Reaktionen. Sie führen zu Niedergeschlagenheit, Hilflosigkeit und zu einem negativen Selbstbild. Sie einigen sich darauf, daß auch auf die Bedürfnisse der Patientin Rücksicht genommen werden muß, und sprechen deshalb folgende Ziele ab:

a) Sie teilt dem Freund unmißverständlich ihren Wunsch mit. Sie begründet ihn nur einmal.

b) Sie läßt sich nicht unterbrechen.

c) Sie fängt nicht immer wieder von neuem an, sich zu rechtfertigen.

d) Sie macht dem Freund keine pauschalen Vorwürfe und macht keine alten Rechnungen auf. Sie beharrt konsequent auf ihrem Wunsch.

e) Sie schaut ihm dabei in die Augen und spricht mit fester Stimme aber ohne Aggressivität.

f) Wenn der Freund weiter uneinsichtig reagiert, gibt sie ihm Bedenkzeit und bricht das Gespräch ab.

5. Vor der eigentlichen Übungsphase gibt der Therapeut ein Modell für die Patientin. Sie übernimmt dabei die Rolle des Freundes.

Th. (als Pat.): Du, Uli, ich habe über unseren Umzug nachgedacht. Ich wünsche mir ein eigenes Zimmer in der neuen Wohnung.
Pat.: So ein Blödsinn, kommt nicht in Frage.

– 42 –

Th.: Ich will dir sagen, warum ich das möchte. Ich will ...
Pat.: Hör auf damit.
Th.: Laß mich bitte ausreden. Du weißt, daß ich wieder zuhause arbeiten will. Dafür brauche ich einen Raum, wo ich ungestört bin. Auch sonst will ich mich mal zurückziehen können. Dafür brauche ich ein eigenes Zimmer.
Pat.: Anna, das ist Blödsinn. Du hast die ganze Wohnung.
Th.: Ich brauche ein eigenes Zimmer. Du kennst die Gründe.
Pat.: Es geht auch so.
Th.: Du kennst meine Gründe. Ich will ein eigenes Zimmer. Laß es Dir bitte durch den Kopf gehen. (verläßt den Raum)

Nun übt die Patientin die neue Herangehensweise, bis der Therapeut und sie zufrieden sind und keine Angst mehr auftritt. Der Therapeut unterstützt sie dabei, gibt Rückmeldung über ihre Fortschritte und korrigiert Fehler.

6. Am Ende jeder Sitzung einigen sie sich auf eine Aufgabe, die die Patientin in den nächsten Tagen ausführt. Dabei erhält sie die Gelegenheit, das neue Verhalten oder Teile daraus in die Realität umzusetzen. Auf die Art wird die ganze Hierarchie durchgearbeitet, bis die Patientin den eingangs formulierten Zielen immer näher kommt.

Veränderungen der Gedanken bei sozialen Ängsten

Das Verhalten sozial ängstlicher Menschen läßt sich, wie jedes andere Verhalten auch, als Zusammenspiel

– 43 –

der drei wichtigen Systeme (körperlich-emotional, motorisch und kognitiv) ansehen. Das eben geschilderte Selbstsicherheitstraining setzt vor allem an den beiden ersten an: Der Patient lernt eine neue Form der Auseinandersetzung (motorisch) und baut Spannungen (körperlich-emotional) ab. Oft stehen ihm dabei negative Einstellungen zu sich selbst im Wege, die sich im Laufe der Zeit herausgebildet haben. Sie rechtfertigen sozusagen seine Nachgiebigkeit und seine Scheu vor Konflikten. In diesem Fall ist es notwendig, zusätzlich zum Selbstsicherheitstraining, direkt auf die Gedanken und Einstellungen einzuwirken. Folgender Gesprächsausschnitt soll dies verdeutlichen:

Th.: Sie schauen ein bißchen skeptisch drein. Was geht Ihnen durch den Kopf?

Pat.: Ich frage mich, ob ich eigentlich das Recht habe, ein eigenes Zimmer zu verlangen.

Th.: Was könnte daran falsch sein?

Pat.: Vielleicht ist es egoistisch.

Th.: Es ist egoistisch, wenn Sie einen eigenen Wunsch haben?

Pat.: Ja, so ähnlich.

Th: Und das macht Ihnen angst?

Pat.: Ja.

Th.: Hinter diesem Gefühl steht also so etwas wie der Satz: „Immer wenn ich einen eigenen Wunsch habe, verhalte ich mich egoistisch und rücksichtslos.

Pat.: Ja, so etwas.

Th.: Was halten Sie von dem Satz?

Pat.: Das stimmt natürlich so nicht. Eigene Wünsche und Bedürfnisse haben, heißt noch lange nicht, schlecht und rücksichtslos zu sein. Andere haben auch Wünsche.

– 44 –

Th.: So allgemein formuliert stimmt der Satz also nicht. Wir müssen ihn differenzieren. Was schlagen Sie vor?

Pat. (denkt nach): Es gibt berechtigte Wünsche und solche, die zu weit gehen, weil sie andere zu sehr einengen.

Th.: Sehr gut. Es gibt also berechtigte Wünsche und solche die es nicht sind.

Pat.: Ja.

Th.:Zu welcher Sorte gehört ihr Wunsch, ein eigenes Zimmer zu haben?

Pat.: Der ist berechtigt. Ich kann ihn ja begründen. Ich will ja wieder arbeiten und manchmal für mich sein. Mein Freund will mich ja auch nicht dabei haben, wenn er seine Kumpels trifft. Ihm das zu verbieten, wäre auch nicht richtig. Mein Zimmer will ich. Mein Freund muß akzeptieren, daß das nichts mit Egoismus zu tun hat.

Th.: Sie stehen also jetzt mehr zu Ihrem Wunsch, und das finde ich prima. Wollen wir also jetzt daran arbeiten, daß sie ihn klar und überzeugend ausdrücken können?

Pat.: Ja.

Wie aus diesem kleinen Gesprächsauszug ersichtlich, nimmt der Therapeut die Bedenken der Patientin sehr ernst. Er zeigt ihr aber auf, daß dahinter eine (unbewußte) Haltung oder Lebensregel steht (eigene Wünsche haben heißt egoistisch zu sein), die so nicht haltbar ist. Albert Ellis, der Begründer der Rational-Emotiven Therapie, hat sich viel mit diesen Problemen beschäftigt. Er sagt, daß den ängstlichen Reaktionen sogenannte „irrationale Ideen" zugrundeliegen. Irrational deswegen, weil sie einer logischen Prüfung nicht standhalten. Der Therapeut hilft der Patientin, den pauschalen Anspruch an sich selbst („Ich darf keinen eigenen Bedürfnisse haben, sonst bin ich schlecht") zu differenzieren. Auf die Art werden immer wieder die gedanklichen Anteile der ängstlichen Lebenshaltung in Frage gestellt, bis sich allmählich eine Grundeinstellung ergibt, die die Bedürfnisse der eigenen Person stärker bejaht.

So sind im Gespräch mit dem Therapeuten auch scheinbar fest eingefahrene „Charakterzüge" wie Perfektionismus („Ich darf nie einen Fehler machen"), Scheu vor Konflikten („Es wäre schrecklich, wenn es zu einer Auseinandersetzung käme") und Schüchternheit („Ich darf nicht auffallen") durchaus veränderbar.

Gerade mit Ängsten, die eine große Rolle bei seelisch kranken Menschen spielen, hat sich die Verhaltenstherapie bislang besonders intensiv beschäftigt. Obwohl noch keineswegs alle Probleme, die in diesem Zusammenhang auftreten, gelöst sind, stehen doch heute eine Reihe von Vorgehensweisen zur Verfügung, mit denen in der Praxis gute Erfolge erzielt werden.

– 3 –
Verhaltenstherapie bei Zwangserkrankungen

Zwangserkrankungen sind mehr oder weniger schwere seelische Störungen, die alle in irgendeiner Form das Erlebnis des Zwanges gemeinsam haben. Was ist darunter zu verstehen?

Wir kennen alle Situationen, in denen äußere Zwänge unser Leben beeinflussen. Wir halten uns an bestimmte Gesetze, nicht zuletzt deshalb, weil wir wissen, daß Überschreitungen bestraft werden. In der Schule, im Betrieb, kurz bei jeder Form menschlichen Zusammenlebens herrschen Regeln und Normen, die unser Verhalten wesentlich mitbestimmen. Äußere Zwänge können mehr oder weniger stark sein, wir mögen sie als gerechtfertigt oder als willkürlich erleben, auf jeden Fall aber wissen wir, daß sie unseren Handlungsspielraum einengen. Wir können auf der Welt nicht schalten und walten, wie wir wollen.

Doch zumindest haben wir das Gefühl im eigenen Haus, das heißt bei uns selber, Herr und Meister zu sein. Die Gedanken, die wir denken, erleben wir als die unseren. Unsere Gefühle können angenehm und schmerzhaft sein, aber sie gehören uns. Vor allem aber sind wir fest davon überzeugt, das tun zu können, was wir wollen, innerhalb der Grenzen natürlich, die uns die äußeren Zwänge auferlegen. Genau anders ist es beim Erlebnis des inneren Zwanges. Sehen wir uns an, wie Kranke ihre Befindlichkeit beschreiben.

● „Ich kann nicht aufhören zu waschen, wenn ich Geld angefaßt habe. Ich habe absolut nicht die Willenskraft, damit aufzuhören."

● „Ich muß immer wieder den Elektroherd kontrollieren, obwohl ich weiß, daß das Unsinn ist."

● „Der Gedanke, daß ich mein Kind unabsichtlich verletzen könnte, überkommt mich immer wieder. Ich werde ihn nicht los."

Mit diesen Patientenäußerungen sind gleichzeitig die drei wesentlichen Formen angesprochen, die Zwangserkrankungen annehmen können:

1. Berührungsängste und Waschzwänge

2. Kontrollzwänge

3. Zwangsgedanken

Ich will die drei Formen kurz beschreiben, und anhand der Therapie bei Waschzwängen etwas näher auf die verhaltenstherapeutische Vorgehensweise eingehen.

1. Berührungsängste und Waschzwänge

Die Störung besteht aus zwei Anteilen, der Angstseite und der Abwehrseite. Auf der Angstseite stehen bestimmte Vorstellungen im Mittelpunkt des Bewußtseins. Sie lösen starke Angst oder Ekelgefühle aus. Bei fast allen Patienten handelt es sich um die

– 48 –

gleichen Ideen. Sie betreffen vor allem Tod, Krankheit, Ansteckung und Schmutz. So kann der Kranke Angst haben, Türklinken, Geldscheine, den Fußboden oder bestimmte Menschen zu berühren, weil er befürchtet, sich anzustecken oder sich zu beschmutzen. Oft ist der Gedanke an eine Berührung mit der Befürchtung verknüpft, dadurch Unheil für sich oder für andere heraufzubeschwören. In den meisten Fällen weiß der Kranke, daß seine Angst unbegründet ist, weil auf die Art keine echte Gefahr droht, aber sie überwältigt ihn immer wieder. So ist es verständlich, daß der Kontakt mit den gefürchteten Objekten um jeden Preis vermieden wird. Kommt es trotzdem dazu (man muß manchmal die Hand reichen oder Geld in Empfang nehmen), so fühlt sich der Kranke „gezwungen", die Gefahr zu bannen. Das geschieht häufig dadurch, daß er sich wäscht oder bestimmte Objekte, die er für beschmutzt hält, abwäscht. Die so behandelten Körperteile (etwa die Hände) oder die Gegenstände erscheinen ihm dann wieder als rein und die Gefahr gilt als gebannt. Beide Maßnahmen, die Vermeidung der Berührung und die aktive Beseitigung der Gefahr (durch Waschen und Wischen), stellen die Abwehrseite der Störung dar.

So führt der Kranke eine Art Doppelleben. Auf der einen Seite das normale mit den Gesetzmäßigkeiten, die für uns alle gelten, auf der anderen Seite ist er stets darauf bedacht, die Gefahren, die seine Ängste ihm suggerieren, zu beseitigen. Oft gelingt es ihm um den Preis von tausend Mühen und Anstrengungen, seine Störung über Jahre so zu verbergen, daß kaum jemand etwas davon merkt.

Verhaltenstherapie bei Berührungsängsten und Waschzwängen

Ich will an dieser Stelle die Prinzipien schidern, die in der Verhaltenstherapie angewandt werden. Danach will ich die Vorgehensweise anhand eines Protokolls einer Therapiesitzung verdeutlichen.

Therapieprinzipien

1. Jede erfolgreiche Therapie erfordert eine Konfrontation mit den Objekten und Situationen, die die Angst hervorrufen. Es erfolgt also genau das, was der Patient im täglichen Leben vermeidet: Er muß die Dinge, die für ihn subjektiv mit dem Gedanken an Schmutz und Ansteckung verbunden sind, anfassen und normal mit ihnen umgehen.

2. Dabei zeigt die Erfahrung folgenden Verlauf: Wenn er die vermeintlich gefährlichen Dinge (Türklinken, Geldscheine usw.) berührt, können Angst und Ekelgefühle auftreten. Wenn er den Kontakt *nicht* abbricht oder im Nachhinein z.B. seine Hände *nicht* wäscht, um *sein* Gefühl der Sauberkeit zu erlangen, läßt die Anspannung nach einer Zeit nach oder verschwindet ganz.

– 50 –

Die absolute Voraussetzung einer Therapie ist also das Unterbleiben des Abwehrverhaltens, wie Händewaschen usw.

3. Die Berührungen müssen so oft wiederholt werden, bis so gut wie keine Angst mehr auftritt. Durch die Übungen verändert sich also allmählich die Sichtweise: die Dinge oder Situationen, vor denen er bisher Angst hatte, verlieren ihren bedrohlichen Charakter.

Protokoll einer Therapiesitzung mit der Patientin Magda (aus Hoffmann, 1990)

Magda ist eine 35-jährige Büroangestellte, die als Sachbearbeiterin in einem Großraumbüro arbeitet. Die Mutter nahm in ihrer ganzen Kindheit eine übermächtige Stellung ein. Sie achtete peinlich auf Sauberkeit und verbot Magda mit anderen Kinder zu spielen, weil sie schmutzig seien. Als die Patientin die ersten Kontakte zu jungen Männern hatte, wurde sie von der Mutter beschimpft und geschlagen, weil sie sich beschmutzt habe und nun verdorben sei. Die ersten Angst- und Ekelgefühle traten mit 20 auf, nachdem sie von zuhause ausgezogen war. Mehr zufällig wurde später Schimmelpilz zu der entscheidenden gefährlichen Substanz. Seitdem vermeidet sie alles, was damit in Berührung gekommen sein könnte (Lebensmittel, Türklinken usw.). Nachdem Frau Weber, eine Bürokollegin über eine feuchte Stelle in ihrer Wohnung berichtet hatte, wurde sie zum Inbegriff der Gefährdung. Bei Magda hat sich der Gedanke festgesetzt, Frau Weber könne Schimmelpilz auf alle möglichen Objekte (Akten usw.) übertragen. Ein anderer Kollege, Herr Müller, der mit Frau Weber befreundet ist, gilt auch als „gefährlich", wenn auch in geringerem Maße.

In der nachfolgenden Therapiesitzung werden Akten, die in Magdas zwanghaften Denksystem als „verseucht" gelten, für die Behandlung herangezogen. Die Sitzung findet an einem Samstag statt, an dem Magda nicht zur Arbeit geht.

Thema der Sitzung ist die Konfrontation mit Büroakten. Magda unterscheidet drei „Gefährlichkeitsklassen":

● Akten, die von Herrn Müller, dem guten Bekannten von Frau Weber bearbeitet werden.

● Akten, die Frau Weber kurz durchsieht zwecks Unterschrift.

● Akten, die Frau Weber längere Zeit bearbeitet.

Magda hat eine Akte jeder „Gefährlichkeitsklasse" mitgebracht. Sie sind in Zeitungspapier und in zwei aufeinanderliegenden Plastiktüten eingewickelt. Sie trägt sie so, daß sie möglichst nicht ihre Kleidung berühren.

Wir beginnen um 9.05 Uhr. Magda erzählt mir, welche Schwierigkeiten sie wieder in der letzten Woche mit Akten hatte. Wir sprechen darüber, daß es ein wichtiger Schritt für sie wäre. wenn sie ohne viel Angst und Abwehrverhalten damit umgehen könnte. Ich bitte sie, sich die Erleichterungen vorzustellen, die das mit sich bringen würde.

Ich erinnere sie noch einmal an den Verlauf vorangegangener Sitzungen und an die Haupteffekte, die sie dabei festgestellt hat:

1. Bei der Berührung traten Angst und Ekel auf und erreichten eine gewisse Stärke. Bei der konsequenten Fortführung des Kontaktes (selbstverständlich ohne Abwehrverhalten) nahm die Angst im Laufe der Zeit ab und wurde schließlich sehr gering und gut erträglich. Bei der nächsten Konfrontation mit derselben Sache (zwei Tage später) war die Angst von Anfang an deutlich geringer.

Ich bespreche mit Magda die wichtigsten Spielregeln und Ziele für die heutige Sitzung:

Sie soll lernen, besser mit der Angt umzugehen, so daß diese allmählich abgebaut werden kann.

2. Sie behält die ganze Zeit die volle Kontrolle über die Situation. Sie kann letztlich tun, was sie will und wird zu nichts gezwungen. Wir haben uns darauf geeinigt, daß sie bis an die Grenzen ihrer eigenen Belastbarkeit gehen soll.

3. Magda soll sich bei der Konfrontation voll auf die Akten konzentrieren und nicht versuchen, sich abzulenken. Gleichzeitig soll sie auf ihre innere Befindlichkeit achten und mir sie laufend beschreiben. Das haben wir am Anfang der Therapie geübt. Auch jedes andere Thema, das ihr Problem betrifft und das Magda für wichtig hält, können wir, falls sie es wünscht, während der Konfrontation besprechen. Magda weiß allerdings, daß ich sie nicht trösten, beruhigen oder ablenken werde, wenn sie über ihre momentanen Empfindungen während der Berührung spricht.

4. Magda soll versuchen, ganz bei der äußeren und inneren Realität (Empfindungen) zu bleiben und keine Mutmaßungen über die Zukunft anstellen.

5. Eine inhaltliche Diskussion, etwa darüber, ob die Objekte wirklich gefährlich sind oder nicht, wird nicht stattfinden. Das würde nur zu unfruchtbaren Auseinandersetzungen oder gar zu Machtkämpfen *innerhalb* des Zwangssystems führen.

6. Die Therapie ist nur dann wirksam, wenn jedes Meideverhalten unterbleibt. Das weiß Magda genau. Kein Ausweichen vor den Akten, kein Waschen anschließend oder bei der Rückkehr nachhause. Magda soll auch nicht „in Gedanken" vermeiden, etwa dadurch, daß sie sich tröstet, sie könne sich ja immer noch waschen.

9.25 Uhr: Wir beginnen. Magda packt die Akten aus. Sehr zaghaft und unsicher. Das Zeitungspapier hebt sie an einer Ecke in die Höhe, so daß die Akten von selbst herausfallen. Ich lege die beiden „Gefährlicheren" weg, so daß nur eine auf dem Tisch bleibt.

Ich bitte sie, die rechte Hand darauf zu legen. Magda zögert und berührt schließlich die Akte mit dem kleinen Finger. Ich bitte sie, die ganze Hand darauf zu legen. Schließlich macht sie es, hält aber die Hand so, daß die Innenfläche nicht in Kontakt mit der Akte kommt. Ich möchte, daß sie das korrigiert. Während sie die Hand darauf hält, wendet sie den ganzen Körper langsam ab. Auch darauf mache ich sie aufmerksam, und sie setzt sich wieder normal hin.

– 54 –

Magda schildert mir laufend Empfindungen. Ich höre ihr aufmerksam zu und spreche mit ihr über ihre Gefühle und über ihre Art mit der Akte umzugehen usw. ...

9.45 Uhr: Die Angst hat etwas abgenommen. Ich ermuntere sie dazu, in der Akte zu blättern. Die Angst steigt kurz an, fällt aber dann wieder. Magda sieht ihre Schrift und erinnert sich an ein Erlebnis aus ihrer Kindheit, als die Mutter sie für ihre Kritzeleien bestraft hat. Wir sprechen darüber.

10.05 Uhr: Magda berichtet, daß der Angstpegel deutlich gefallen sei. Wir einigen uns darauf, daß sie die Berührung noch 15 Minuten fortsetzt. Sie nimmt die Hand von der Akte. Wir sprechen über ihre Erfahrungen; sie schildert mir ihre Gefühle und die Empfindung in der Hand. Sie spricht über ihre Gedanken ans Händewaschen, bekräftigt aber ihren Vorsatz, es zu lassen. Ich ermuntere sie dazu, die Hand normal zu gebrauchen. Wir machen 20 Minuten Pause. Dann geht es weiter. Die Sitzung endet um 12.30 Uhr.

Kontrollzwänge

Kontrollzwänge bestehen ebenso wie Waschzwänge aus der Angstseite und der Abwehr dagegen. Auf der Angstseite steht die Idee im Mittelpunkt, der Kranke könne durch Unachtsamkeit sich selber oder anderen Schaden zufügen. Dieser Gedanke heftet sich meist an besondere Gegenstände, wie Elektroherde, Wasserhähne, Lampen usw.

Das Kontrollieren gibt dem Kranken ein Mittel, um sich gegen mögliche Gefahren abzusichern (Abwehr). Dadurch daß er immer wieder nachprüft, ob er auch nichts übersehen hat, versucht er die Gefahr zu bannen. Dabei verlaufen die Kontrollen von Zwangspatienten anders als etwa bei besonders vorsichtigen Menschen. Wenn diese z.B. sehen, daß kein Wasser aus dem Hahn fließt, ist die Sache für sie erledigt und sie können ruhig die Wohnung verlassen; der Zwangskranke aber muß ständig gegen ein Gefühl der Unruhe ankämpfen, sogar dann, wenn er sieht, daß alles in Ordnung ist. So werden die Kontrollen immer wieder von neuem durchgeführt, oft bis zur totalen Erschöpfung.

In der Verhaltenstherapie wurden wirksame Methoden entwickelt, mit denen Kontrollzwänge abgebaut werden können. Der Patient lernt dabei wieder einen angemessenen Umgang mit den Dingen und Anforderungen des täglichen Lebens.

Zwangsgedanken

Zwangsgedanken sind Gedanken oder bildhafte Vorstellungen, die scheinbar ins Bewußtsein „einschiessen" und nur schwer abgestellt werden können, auch dann, wenn der Betroffene sie als sinnlos erlebt. So wird z.B. eine Mutter ständig von dem Gedanken gequält, sie könne ihre Kinder am Trommelfell verletzen, und zwar dadurch, daß sie plötzlich und ungewollt zu laut schreit. Dieser Gedanke macht ihr im höchsten Maße Angst und erfüllt sie mit Schuldgefühlen und Selbstvorwürfen. Sie will ja ihre Kinder gar nicht verletzen. Sie versucht immer wieder, den Gedanken zu bekämpfen, aber meist ohne Erfolg.

Zwangsgedanken können sich zu Gedankenketten zusammenfügen. In dem Fall spricht man von Zwangsgrübeleien. Eine Hausfrau grübelt:

„Habe ich den Küchenboden gesäubert? Habe ich ihn *wirklich* sauber gemacht? Wann ist er wirklich sauber? Könnte es sein, daß er an der Oberfläche zwar sauber, aber in der Tiefe noch schmutzig ist?"

Zwangsgedanken haben sehr oft aggressive Inhalte (Ich könnte jemanden unabsichtlich verletzen) oder drehen sich um vermeintliche eigene Fehler und Versäumnisse. Manchmal unternimmt der Kranke die merkwürdigsten Versuche, um seine Gedanken zu neutralisieren. So legt er z.B. eine bestimmte Wegstrecke zweimal zurück, wenn ihm unterwegs ein „böser Gedanke" gekommen ist, oder er faßt „Gegengedanken", oft Ideen mit erfreulichen Inhalten, um die Gefahr, die in seinem zwanghaften Denksystem von den „schlechten Gedanken" ausgeht, abzuwehren.

Zwangsgedanken, wenn die Krankheit ein gewisses Ausmaß erreicht hat, stellen eine schwer zu therapierende Störung dar. In der Verhaltenstherapie wurden Methoden entwickelt, die in einigen Fällen gewisse Erfolge bringen. Aber alles in allem ist der heutige Stand der Therapie unbefriedigend (für eine ausführ-

liche Darstellung der Therapiemöglichkeiten bei der
verschiedenen Formen der Zwangserkrankung, siehe:
Hoffmann, 1990)

– 4 –
Verhaltenstherapie bei Depressionen

Bei Depressionen haben verhaltenstherapeutische
und kognitive Verfahren in den letzten 15 Jahren eine
große Bedeutung erlangt. Sie gelten heute als die
wirksamsten Psychotherapieverfahren bei dieser
Störung. Nach ein paar Bemerkungen zum Krank-
heitsbild der Depression und zu ihrer Entstehung
werde ich die typische verhaltenstherapeutische
Vorgehensweise an einem Fallbeispiel schildern.

Depressionen aus psychologischer Sicht

Das depressive Zustandsbild läßt sich auf der Ebene
der drei zentralen Systeme folgendermaßen beschreiben:

● Körperlich-emotional: Im Vordergrund steht das
 Gefühl der Niedergeschlagenheit; aber auch
 Angstgefühle, Energielosigkeit, rasche Ermüdbar-
 keit, Schlafstörungen, Appetitlosigkeit sowie
 körperliche Beschwerden sind mehr oder weniger
 ausgeprägt.

● Kognitiv: Hilflosigkeit und Hoffnungslosigkeit sind
 hier die Hauptmerkmale. Daneben treten eine
 starke negative Bewertung der eigenen Person
 („Ich bin unfähig, ich habe versagt"), des eigenen
 Lebens („Mein Leben ist sinnlos") und Grübeleien
 bis hin zu Suizidgedanken auf.

● Motorisch: Das wichtigste Symptom ist die An-
triebsstörung. Der Patient ist ohne Initiative und
Lust am Handeln. Er hat Entscheidungsschwierig-
keiten und unternimmt immer weniger. Die Be-
wegungsabläufe sind verlangsamt, der Gang wird
schleppend und der Gesichtsausdruck wirkt wie
erstarrt.

Von einer Depression kann man allerdings nur
dann sprechen, wenn diese Symptome unvermindert
über mehrere Wochen anhalten.

Es gibt verschiedene Formen von Depressionen,
die sich durch das Zustandsbild, den Verlauf und die
Ursachen unterscheiden. Manchmal stehen depressive Störungen in einem engen Zusammenhang mit der
Lebenssituation des Kranken. Sie sind als Reaktionen
auf ein einmaliges Ereignis, wie der Verlust eines
nahen Partners oder vermehrte Schwierigkeiten, z.B.
im Beruf, durchaus verständlich. Man spricht dann
von einer reakiven Depression.

In anderen Fällen häufen sich depressive Verstimmungen auf dem Lebensweg des Betroffenen. Dabei
hat man den Eindruck, daß die Einbrüche durchaus
mit seiner Art zu leben in Zusammenhang stehen. So
wählt jemand z.B. immer denselben Typ von Partner
und führt dann mit seinem Verhalten Trennungen
geradezu herbei, auf die er dann immer wieder mit
einer Depression reagiert. In einem solchen Fall
spricht man von einer depressiven Entwicklung oder

von einer neurotischen Depression. Wenn die Symptome der Depression einen gewissen Schweregrad überschritten haben, wird in der Psychiatrie die Diagnose „Endogene Depression" gestellt. Damit sind keine Aussagen über die Ursachen der Depression getroffen.

Wie Untersuchungen aus den letzten Jahren gezeigt haben, kann ein verhaltenstherapeutischer Ansatz bei allen Formen der Depression mit gutem Erfolg angewandt werden. Er trägt zur Heilung bei und macht den Patienten widerstandsfähiger gegenüber späteren Schwierigkeiten. Bei schwerwiegenden Depressionen ist eine medikamentöse Therapie (hauptsächlich mit sogenannten Antidepressiva) unter Umständen gleichzeitig erforderlich, wenn es darum geht, dem Patienten schnell und verläßlich zu helfen.

Über die Ursachen von Depressionen

Depressionen sind krankhafte Reaktionsweisen, die mit Sicherheit nicht nur *eine* Ursache sondern auf ein ganzes Geflecht von Teilursachen zurückzuführen sind. Die wichtigsten will ich kurz beschreiben:

1. Vor dem Ausbruch einer Depression befindet sich der Patient in der Regel in einer kritischen Lebenssituation. Er verliert seinen Partner (etwa durch Trennung oder Tod), er wird arbeitslos, oder er ist vermehrtem seelischen Streß ausgesetzt. Das ist z.B. dann der Fall, wenn es zu ständigen Streitereien in der

Partnerschaft kommt oder vom neuen Chef schikaniert wird.

2. Nicht alle Menschen reagieren auf solche Ereignisse mit einer Depression. Depressionen entstehen nur dann, wenn zu den äußeren Ereignissen Momente hinzutreten, die in der Persönlichkeit und dem Verhalten des Betroffenen liegen. Diese inneren Faktoren machen den Menschen besonders verletzlich und erhöhen die Wahrscheinlickeit, daß er auf kritische Lebensereignisse mit einer depressiven Verstimmung reagiert. Besonders wichtig in diesem Zusammenhang sind:

● Eine geringe soziale Kompetenz, d.h. Verhaltensdefizite im Umgang mit anderen.

● Einstellungen, wie Perfektionismus und Pessimismus, also die Neigung, Bedrohungen überzubewerten und immer das Schlimmste zu erwarten.

Andere Faktoren sind ein geringes Selbstwertgefühl und die Neigung, sich schnell entmutigen zu lassen. Auch eingeschränkte Interessen und Aktivitäten stellen ein Gefahrenmoment dar. Wenn z.B. jemand ganz für seinen Beruf lebt und daneben kaum Vorlieben oder Hobbies hat, so werden ihn berufliche Probleme oder der Verlust des Arbeitsplatzes besonders hart treffen.

● Inwieweit auch rein körperliche Faktoren (z.B. den Gehirnstottwechsel betreffend) die Entstehung einer Depression begünstigen können, ist noch nicht restlos geklärt. Aber es gibt wichtige Hinweise in dieser Richtung.

Wenn ungünstige äußere *und* innere Bedingungen zusammentreffen, dann besteht die Gefahr einer Depression. In dem Moment hängt viel vom Grad der sozialen Unterstützung ab, die der einzelne erfährt. Seine Chancen, seine Schwierigkeiten ohne Depression zu überwinden, sind viel besser, wenn ihn z.B. eine befriedigende Partnerschaft vor den Einflüssen bedrohlicher Ereignisse schützt. Fühlt er sich hingegen allein und ohne Unterstützung, ist die Gefahr, daß es zu einem seelischen Zusammenbruch kommt, umso größer.

So gesehen ist eine Depression immer auf das Zusammenspiel vieler Teilursachen zurückzuführen. Die Verhaltenstherapie muß also an vielen Stellen ansetzen. Das möchte ich anhand eines Fallbeispiels zeigen.

Verhaltenstherapie bei Depressionen: Ein Fallbeispiel

Günther H. ist 45 Jahre alt und war Angestellter in einer großen Firma. Er bezieht seit mehreren Jahren eine Erwerbsunfähigkeitsrente. Er kam ein halbes Jahr nach der Trennung von seiner Freundin in Therapie. Folgende Probleme stehen bei ihm im Vordergrund:

● Schwere depressive Reaktion

● Soziale Isolation: Seit der Trennung verläßt er kaum noch die Wohnung und hat seit Monaten mit keinem Menschen mehr gesprochen.

● Soziale Schwierigkeiten: Er hat Angst vor Menschen und fürchtet, ihnen auf die Nerven zu gehen. Er hat schon immer Schwierigkeiten gehabt, Kontakt aufzunehmen, geht jedem Konflikt aus dem Weg und kann sich nicht durchsetzen.

Lebensgeschichte

Der Patient ist zusammen mit der Mutter aufgewachsen, seinen Vater hat er nie gesehen. Die Mutter gab ihm nie das Gefühl, für ihn da zu sein und kümmerte sich kaum um ihn. Sie wich jedem Körperkontakt aus und behandelte ihn wie einen Störenfried. Er sei ein typisches Straßenkind gewesen, für das es keine festen Regeln gab. In der Schule hatte er keinen Freund. Seine Leistungen waren durchschnittlich. Er erreichte immer mit dem geringstmöglichen Aufwand das Klassenziel und lernte nie, systematisch zu arbeiten oder sich anzustrengen. Er fiel lediglich durch seine guten sportlichen Leistungen auf.

Nach dem Schulabschluß lernte er bei einer Firma und wurde dort angestellt. 1970 heiratete er und wurde ein paar Jahre danach geschieden. Nach der Trennung von seiner Frau kam es zu einer ersten schweren Depression. Er war 9 Monate arbeitsunfähig. Ein paar Jahre später trennte er sich wieder von einer Frau. Es kam zu einem erneuten depressiven Zusammenbruch. Er wurde in eine psychiatrische Klinik aufgenommen, in der er die nächste Partnerin kennenlernte. Mit ihr war er lange Jahre befreundet. Als es zur Trennung kam, wurde Herr H. wieder krank. Er erhielt eine Erwerbsunfähigkeitsrente wegen überlanger Krankschreibung.

Der Patient meint, daß er sich von seiner jeweiligen Partnerin so abhängig mache, daß es nach der Trennung zu einem Zusammenbruch kommen müsse. Andererseits störe ihn die Abhängigkeit immer so sehr, daß die Beziehung zerbrechen muß. Die letzte Trennung hat er in dem Sinne überwunden, daß er seiner Partnerin nicht mehr nachtrauert. Seine depressive Stimmung und seine mangelnde Lebensperspektive sind geblieben. Seine Arbeit war ihm nie wichtig. Er interessiere sich lediglich für Sport.

Verhaltensanalyse

Anlaß für jede depressive Reaktion war eine Trennung. Den Mechanismus, der jeweils dazu führte, kann man sich folgendermaßen vorstellen:
Herr H. hat wenig Interessen, er hat sich bislang immer auf die jeweilige Partnerschaft konzentriert. Daneben hat er kaum Bekanntschaften, auch wegen seiner Kontaktschwierigkeiten und seinen Problemen, sich mit anderen auseinandersetzen. Alleinsein macht ihm Angst, und er fühlt sich nur einigermaßen sicher, wenn eine Partnerin für ihn da ist. Sein Bedürfnis nach Bestätigung durch die jeweilige Partnerin ist hauptsächlich darauf zurückzuführen, daß Herr H. im Grunde eine negative Einstellung zu sich selbst hat.

Er glaubt auch dann, wenn er nicht depressiv ist, daß er nicht sehr erfolgreich und lebenstüchtig ist.

– 65 –

All das ist gut auf dem Hintergrund seiner Lebensgeschichte zu verstehen:

Das Verhalten der Mutter und die Gesamtsituation während der Kindheit führten zu ständigen Verlustängsten. Da bot immer nur die jeweilige Partnerin eine gewisse Sicherheit. Auf der anderen Seite störte ihn diese Abhängigkeit auch. Er reagierte darauf mit Streit, Nörgeln und Abgrenzungsversuchen, allerdings ohne viel Erfolg. Dadurch wurde die nächste Trennung geradezu vorprogrammiert. Die Interesselosigkeit und die geringe Belastbarkeit von Herrn H. sind darauf zurückzuführen, daß er in seinem Leben wenig gefördert wurde.

Therapieziele

Kurzfristige Ziele:

● Die Stimmung des Patienten soll positiv beeinflußt werden, auch um seine Therapiemotivation zu erhöhen.

● Sein Tagesablauf wird neu gestaltet. Er soll mehr unternehmen, vor allem in Gesellschaft.

Längerfristige Ziele:

● Die negativen Gedanken des Patienten werden immer wieder zum Thema gemacht.

● Seine soziale Kompetenz soll erhöht und seine Selbständigkeit gefördert werden.

● Die Therapie soll ihm helfen, eine neue Lebensperspektive aufzubauen, auch eventuell mit dem Ziel einer beruflichen Wiedereingliederung.

Therapiemaßnahmen

1. Stimmungsbelebung

Günther H. ist, wie alle depressiven Patienten, sehr verunsichert. Er leidet an seiner geringen Leistungsfähigkeit, seiner Hoffnungslosigkeit und an seiner mangelnden Zukunftsperspektive. Er schließt daraus, daß er nie mehr in der Lage sein wird, sein Leben zu meistern und Spaß daran zu haben. In einem ersten wichtigen Therapieschritt wird dieser Einstellung entgegengewirkt.

Dazu sind vor allem 2 Vorgehensweisen geeignet. Einmal setzt sich der Therapeut durch sachliche Informationen über die Krankheit immer wieder mit den Ängsten und der Hoffnungslosigkeit auseinander. Die wichtigsten Informationen des Therapeuten sind:

● Viele Menschen leiden einmal oder mehrmals in ihrem Leben an einer Depression.

● Depressionen sind keine geheimnisvollen Krankheiten. Wir wissen, wie sie entstehen.

● Depressionen sind nicht auf persönliches Versagen zurückzuführen.

● Sie sind heilbar.

- Wenn sie abgeklungen sind, bleiben keine Schäden zurück, weder körperlicher noch seelischer Art.

- Die Therapie erfolgt schrittweise, der Patient wird an keiner Stelle überfordert.

- Der Therapeut hat Erfahrung. Er konnte schon vielen Menschen aus der Depression heraushelfen.

Mit diesen Informationen verknüpft der Patient oft erste, wenn auch zaghafte Hoffnungen auf eine Besserung. Eine zweite Übung kann diese ersten positiven Ansätze noch verstärken.

Zum anderen stellt auch der Patient unter Anleitung des Therapeuten erfreuliche Ausschnitte aus seinem zukünftigen Leben vor und versucht dabei, so gut er kann, positive Gefühle aufkommen zu lassen. Die einzelnen Inhalte werden mit ihm abgesprochen. Ein Beispiel aus der Therapie von Günther H.:

Th.: Machen Sie es sich bequem in ihrem Sessel und schließen sie die Augen. Lockern Sie nach und nach alle Muskeln ... . Und jetzt versetzen Sie sich in der Phantasie in die Zukunft. Sie sind zum ersten Mal wieder zu ihrer alten Fußballmannschaft gegangen, um ein wenig mitzuspielen. Zuerst haben Sie ein bißchen gezögert, aber dann haben Sie sich gesagt: „Heute packe ich es". Nun sind Sie da und Ihre Bekannten begrüßen Sie. Sie sind froh, wieder dort zu sein ... . Sie ziehen sich um und gehen auf den Platz... ... . Sie fangen an, mitzuspielen, und merken, daß das Laufen Ihnen Freude macht. Sie spüren die frische Luft und die Bewegung tut Ihnen gut. ... . Merken Sie, wie angenehm es ist, zu laufen? ... . Sie treten den Ball mit aller Kraft ... . Sie fühlen, wie die alten Kräfte zurückkehren. ... . Sie machen eine Pause.

Sie legen sich ins Gras und entspannen. ... . Sie sind
müde, aber es ist ein gutes Gefühl. ... . Sie sind stolz
darauf, den Schritt gemacht zu haben. Lassen Sie dieses
Gefühl in sich aufkommen. ... . Sie atmen tief durch
und spüren, daß Sie heute ein ganzes Stück weiterge-
kommen sind ... ...

Solche Vorstellungsübungen, bei denen der Patient
vielleicht zum ersten Mal wieder ein angenehmes Gefühl verspürt, verstärken seine Hoffnung auf Besserung und helfen ihm, aus seiner Passivität herauszu-
kommen.

2. Aktivierung
Herr H. verbrachte bisher den größten Teil des Tages
ohne etwas zu tun. Er dachte viel an die Vergangenheit, machte sich Vorwürfe und sorgte sich um die
Zukunft.

Es gibt einen direkten Zusammenhang zwischen
der depressiven Stimmung und dem Grad der Aktivität: Je untätiger jemand ist und je mehr er sich zurück-
zieht, desto schlechter ist seine Stimmung. Je schlechter seine Stimmung, desto weniger Lust hat er, etwas
zu unternehmen.

Um diesen Teufelskreis zu durchbrechen, stellt
Herr H. schriftlich zuerst Tagespläne, dann Wochen-
pläne auf. So nimmt er sich Aktivitäten vor, die er sich
schon zutraut. Es sollen vor allem solche sein, die er
als angenehm erlebt, bzw. früher erlebt hat. Auf die
Art wird der Tagesablauf angereichert und dem
Rückzug entgegengewirkt. Kompliziertere Aktivi-

täten, die dem Patienten eventuell Angst machen, werden schrittweise aufgebaut.

So nimmt er z.B. zuerst telefonisch Kontakt zu einem alten Bekannten auf. In der nächsten Woche soll er ihn zu sich nachhause einladen. In einem dritten Schritt verabredet er sich mit ihm in der Stadt, usw.

Auf die Art unternimmt er immer mehr, auch mit dem Ergebnis, daß Leerlaufzeiten und Grübelphasen kürzer werden. Herr H. soll insbesondere neue Aktivitäten ausprobieren. Der Therapeut unterstützt ihn dabei mit Vorschlägen, Ermutigungen und Ratschlägen, und bearbeitet mit ihm eventuell auftretende Schwierigkeiten. Vermehrte Aktivität, v.a. wenn sie zu Erfolgen führt, verbessert in der Regel deutlich die Stimmung.

3. Kognitive Therapie

Gefühle und Verhalten eines Menschen werden von der Art mitbestimmt, wie er Ereignisse auffaßt und bewertet. Das will ich anhand einer kleinen Episode zeigen.

Als Herr H. sich mit drei Bekannten zum Kartenspielen traf, merkte er, daß Herr X. bei der Begrüßung wegschaute und ihm die Hand wie „geistesabwesend" entgegenstreckte. In der Sekunde durchzuckte ihn der Gedanke: „Er mag mich nicht, er findet mich blöde". Augenblicklich wurde seine Stimmung schlechter. Er sah daraufhin die anderen Mitspieler an. Auch sie schienen ihn nicht besonders anzustrahlen. Sein nächster Gedanke

– 70 –

war: „Sie dulden mich bloß, weil sie einen vierten Mann brauchen. Ich bin ihnen vollkommen gleichgültig". Die Stimmung sank weiter. Günther H. fing an, beim Kartenspielen „über sein Leben nachzudenken". „Es ist immer das Gleiche", kam ihm, „am Anfang heucheln die Leute Interesse, aber dann kommt heraus, daß keiner etwas mit mir anfangen kann. Das war immer so und wird immer so bleiben." Er wurde tief traurig und brach das Spiel ab, weil er sich nicht mehr konzentrieren konnte. Er verabschiedete sich schnell und ohne Erklärung, ging nach Hause und legte sich ins Bett. „Das Leben hat für mich keinen Sinn mehr", dieser Gedanke quälte ihn den ganzen Abend.

An diesem Beispiel werden einige Eigenarten des depressiven Denkens klar. Einmal steht für Günther H. das eigene Ich im Mittelpunkt. Herr X. wirkt etwas zurückhaltend: Der Patient bezieht das auf sich. Die Erklärung, die ihm als erste und einzige einfällt, ist höchst unerfreulich: Herr X. mag ihn nicht. Im nächsten Gedankenschritt erscheint ihm das typisch für sein ganzes Schicksal: Keiner mag ihn, weder jetzt, noch in der Vergangenheit noch in der Zukunft. Aus all dem schließt der Patient, daß sein Leben keinen Sinn mehr hat. Diese Art zu denken muß sein Gefühl, seine Stimmung und sein Verhalten beeinflussen. Es entsteht eine nach unten verlaufende Spirale. Ein negativer Gedanke erzeugt eine negative Stimmung, daraus folgt eine noch negativerer Gedanke, der die Stimmung weiter drückt, usw.

Dieser Mechanismus spielt bei der Entstehung und Aufrechterhaltung der Depression eine große Rolle.

An der depressiven Denkweise setzt die kognitive Arbeit an, die das Kernstück der Therapie von Depressionen ist. Wir wollen uns einige typische Vorgehensweisen, wie sie vor allem von Aaron Beck entwickelt wurden, ansehen.

1. Schritt: Erfassen negativer Gedanken:

Jeden Abend führt Herr H. Buch über die Situationen (z.B. Begrüßung durch die Kartenspieler) bei denen Gefühle wie Niedergeschlagenheit oder Angst aufgetreten sind. Er hält vor allem fest, welche Gedanken ihm dabei durch den Kopf gegangen sind (Herr X. lehnt mich ab). Auf diese Art lernt er den Zusammenhang zwischen Gedanken und Gefühlen immer besser zu erkennen. Seine jeweiligen Aufzeichnungen werden dann in der Therapie bearbeitet.

2. Schritt: Unterscheidung zwischen Annahme und Wirklichkeit:

Sie soll aus folgendem Gesprächsausschnitt deutlich werden:

Th.: Was hat Sie in der Situation so traurig gemacht?
Pat.: ..., daß der X. mich nicht mag.
Th.: Hier müssen wir aufpassen. Daß Herr X. wegschaute ist Wirklichkeit. Das war so. Einverstanden?
Pat.: Ja.
Th.: Daß er Sie nicht mögen könnte, was ist das?
Pat.: Auch Wirklichkeit.
Th.: Ja? Hat er es ihnen gesagt?
Pat.: ..., nein, aber ich nehme es an.

–72–

Th.: Also eine Annahme. Nicht Wirklichkeit, sondern eine Annahme von Ihnen. Sozusagen *Ihre* Erklärung für sein Verhalten.

Pat.:Ja, wenn Sie das so sehen. Aber es stimmt sicher.

Th.: Annahmen können wahr oder falsch sein. Darüber reden wir später. Aber sehen Sie fürs erste den Unterschied?

Pat.: Ja.

Th.: Ich schlage Ihnen vor, als erstes nur diese eine Unterscheidung zu treffen. Er schaut weg, das ist Wirklichkeit, er mag mich nicht, das ist eine Annahme von mir. Einverstanden?

Pat.: Einverstanden.

3. Schritt: Differenzierung der Annahmen:

Depressive Menschen neigen dazu, einseitig negative Annahmen über die Wirklichkeit zu machen.

Solche Gedanken stellen sich sozusagen automatisch ein. Andere Erklärungsmöglichkeiten kommen ihnen erst gar nicht in den Sinn. Dadurch wird die Spirale zwischen Gedanken und Gefühlen immer wieder in Gang gesetzt. Bei diesem Schritt soll Herr H. lernen, auch weniger negative Annahmen in Betracht zu ziehen. Das geschieht zuerst anhand von vergangenen Episoden, aber immer mit dem Ziel, daß er allmählich Situationen im täglichen Leben weniger einseitig-depressiv auffaßt.

Th.: Für das Verhalten von Herrn X. ist Ihnen also nur eine Erklärung eingefallen. War das so?

Pat.: Ja.

Th.: Wenn Sie jetzt in Ruhe darüber nachdenken – könnte es auch etwas anderes gewesen sein?

Pat.: Sie meinen andere Erklärungen für sein Verhalten?

Th.: Ja.

Pat. (denkt nach): Vielleicht war er schlecht gelaunt, hat schlecht geschlafen oder so.

Th.: Ja ... Das wäre immerhin möglich. Fällt Ihnen noch etwas anderes ein?

Pat.: Vielleicht hat er Schwierigkeiten bei der Arbeit oder Streit mit seiner Frau.

Th.: Sie sehen, jetzt haben wir schon drei mögliche Erklärungen.

Pat.: Sicher gibt es noch andere.

Th.: Sicher. Ist es also unbedingt so, daß es etwas mit Ihnen zu tun haben muß?

Pat. (zögert): Nein. Aber gestern war ich mir sicher.

Th.: Sie haben gelernt, immer das Schlimmste für sich anzunehmen. Wie finden Sie das?

Pat.: Wenn ich bloß die Dinge nicht immer so schwarz sehen würde.

Th.: Das wird noch kommen.

4. Schritt: Überprüfen von Annahmen anhand der Wirklichkeit:

Bis jetzt hat der Patient in der Therapie geübt, sein Denken zu differenzieren, d.h. nicht bei der ersten negativen Erklärung, die ihm durch den Kopf geht, zu bleiben. In vielen Fällen ist es aber für ihn wichtig, herauszufinden, welche Annahmen nun wirklich stimmt.

Th.: Sie sehen, es gibt viele mögliche Gründe für das Verhalten von X. Möchten Sie wissen, wie es nun wirklich war?

Pat.: Ja, sicher, ich wollte ja schon gar nicht mehr hingehen.

Th.: Gibt es eine Möglichkeit, das herauszufinden?

Pat.: ..., ich könnte ihn fragen.

Th.: Wie denn?

Pat.: Einfach, „Du warst das letzte Mal so komisch. Was war denn los?".

Th.: Ja, etwa so. Würde Ihnen das schwer fallen?

Pat.: Eigentlich nicht.

Th.: Werden Sie es tun?

Pat.: Ja, warum nicht?

An dieser Stelle wird deutlich, daß der Therapeut an keiner Stelle behauptet zu wissen, daß die Gedanken von Herrn H. falsch sind. Er läßt ihn vielmehr prüfen, ob es nicht noch andere Möglichkeiten gibt und ermuntert ihn, herauszufinden, wie es wirklich war. Dies geschieht mittels einer besonderen Form von Gesprächsführung, die auch sokratische Methode genannt wird. (Sie ist nach dem griechischen Philosophen Sokrates benannt, der mit seinen Schülern ähnlich vorging.) Durch gelenktes Fragen, wird der Patient dabei unterstützt, seine eigenen Schlußfolgerungen zu ziehen und so allmählich seinen depressiven Denkstil zu verändern.

Dieser wird durch eine differenziertere, der Wirklichkeit besser gerechtwerdende Sichtweise ersetzt. Auf diese Art wird nach und nach ein zentraler Anteil des depressiven Krankheitsbildes verändert. Das erfordert aber eine kontinuierliche Arbeit über einen längeren Zeitraum, bei der immer wieder Episoden aus dem Leben des Patienten aufgegriffen werden. Es gibt in der kognitiven Therapie viele Verfahren, um dieses Ziel zu erreichen. Ich habe lediglich ein Beispiel gegeben.

4. Training der sozialen Kompetenz

Sie wird bei Herrn H. vor allem in folgenden Bereichen gefördert:

- Er lernt, eigene Wünsche und Bedürfnisse besser wahrzunehmen und anderen gegenüber auszudrücken.

- Gleichzeitig übt er, sich in sein Gegenüber (evtl. in seine Partnerin) hineinzuversetzen und sich in dessen Sichtweise besser einzufühlen.

- Er lernt, sowohl verbal als auch nicht-verbal (Gesichtsausdruck, Gesten), angemessener auf andere einzugehen und zu reagieren.

- Er lernt, sich besser gegenüber anderen abzugrenzen, nein zu sagen und Konflikte auszutragen.

Auf diese Art gewöhnt er sich daran, auftretende Schwierigkeiten als „Probleme" anzusehen, für die man systematisch nach Lösungen suchen kann, anstatt depressiv oder aggressiv zu reagieren.

Als Hilfsmittel werden vor allem das Rollenspiel und Vorstellungsübungen eingesetzt.

5. Aufbau einer neuen Lebensperspektive

Günther H. leidet, wie die meisten depressiven Patienten, sehr darunter, daß er kaum Pläne und damit so gut wie keine Lebensperspektive hat. In dem Maße, in dem sich sein Zustand bessert, wird in der Therapie auch daran gearbeitet. Dabei sind v.a. folgende Aspekte wichtig:

– 76 –

Bislang galten seine Interessen hauptsächlich der jeweiligen Partnerin. Das machte ihn extrem abhängig und verletzlich. Im Laufe der Therapie entdeckte er weitere sinnvolle Betätigungsfelder, wie Musik, diverse Freizeitaktivitäten mit anderen, Interesse für die Geschichte Berlins (das Hobby seiner neuen Freundin!) und Mitarbeit in einer Wohltätigkeitsorganisation. Besonders durch diese Tätigkeit wurde der Patient sehr in seinem Selbstwertgefühl bestätigt. Er nahm zusätzlich bezahlte Gelegenheitsarbeiten an und nach einem Jahr eine Halbtagsstelle in seiner alten Firma.

Ich hoffe, daß ich mit dieser Fallbeschreibung einen Eindruck der verhaltenstherapeutischen Strategie bei komplexen Störungen wie Depressionen geben konnte. Gerade hier steht der Mensch mit seinen ganz individuellen Schwächen und Problemen im Mittelpunkt der Bemühungen.

– 5 –
Verhaltenstherapie bei psycho-somatischen Krankheiten

Als psychosomatisch bezeichnet man alle körperlichen Krankheiten, an deren Entstehung und Aufrechterhaltung seelische Faktoren einen wichtigen Anteil haben. Man hat den Stellenwert seelischer Faktoren bei vielen Krankheiten eindeutig belegen können, so z.B. bei einigen Formen des Kopfschmerzes, bei bestimmten Bluthochdruckarten, Bronchialasthma aber auch bei einigen Krankheiten des Magen-Darm-Traktes und bei Hautproblemen. Die Tatsache, daß es solche Störungen gibt, deutet auf den engen Zusammenhang zwischen Körper, Seele und Umwelt hin.

Diese Krankheiten werden nach denselben Prinzipien therapiert wie andere seelische Störungen auch.

Dies soll am Beispiel eines weitverbreiteten Leidens, der Spannungskopfschmerzen, aufgezeigt werden.

Ein verhaltenstherapeutischer Ansatz bei Spannungskopfschmerzen

Spannungskopfschmerzen sind auf vermehrte Spannung der Stirn- und Nackenmuskulatur zurückzuführen. Diese tritt als Reaktion auf Belastungen von

– 78 –

außen, also auf Streß hin, auf. Warum einige Menschen eher mit der Anspannung der Kopfmuskulatur reagieren, ist noch nicht restlos geklärt. Man nimmt aber an, daß es sich dabei um eine Reaktionsform handelt, die bereits in früher Kindheit gelernt wird.

Ein therapeutischer Ansatz kann sich nicht zum Ziel setzen, alle gegenwärtigen und zukünftigen Belastungen aus dem Leben des Kranken auszuschalten. Therapieziel muß also zwangsläufig sein, den Patienten andere Reaktionsformen auf die unweigerlich auftretenden Anforderungen erlernen zu lassen. Dieses Ziel kann auf der Ebene der drei Systeme noch einmal differenziert werden:

● motorische Ebene: Der Patient lernt seine Handlungen besser zu organisieren, sodaß er bei der Bewältigung seiner Aufgaben auf weniger Schwierigkeiten stößt. Mit anderen Worten: Er erwirbt mehr Kompetenz.

● körperlich-emotionale Ebene: Der Patient lernt sich weniger anzuspannen, besonders im Bereich der Kopfmuskeln, und vorhandene Anspannung abzubauen.

● kognitive Ebene: Der Patient lernt, Anforderungen als weniger bedrohlich zu erleben und besinnt sich mehr auf seine Fähigkeiten, sie zu bewältigen.

Beim ersten Ziel können Verfahren wie Selbstsicherheitstraining angewandt werden, wenn es sich vorwiegend um soziale Auseinandersetzungen handelt. In anderen Fällen können Anleitungen zu einer besseren Arbeitstechnik nützlich sein.

Ich will diesen Punkt hier nicht weiter behandeln und mich auf die beiden nächsten Ziele beschränken.

1. Hilfen bei der Spannungsbekämpfung

Zu diesem Zweck kann die Technik der progressiven Muskelentspannung unter besonderer Berücksichtigung der Muskeln im Stirn- und Nackenbereich mit gutem Erfolg eingesetzt werden.

Ich möchte aber an dieser Stelle eine andere Möglichkeit schildern, die sogenannte Biofeedback-Therapie.

Das Grundprinzip des Biofeedback-Verfahrens besteht darin, biologische Funktionen wie Muskelspannung, Blutdruck, Gehirnströme oder Hauttemperatur durch Rückmeldung (feedback) für den Patienten genau wahrnehmbar zu machen.

Der Patient wird an ein Apparat angeschlossen, wobei ihm in unserem Fall Elektroden an die Stirnmuskulatur angelegt werden. Er erhält folgende Anleitung (in Anlehnung an Budzynski):

„Spannungskopfschmerzen sind v.a. auf eine Verspannung oder Verkrampfung der Muskulatur von Kopfhaut und Nacken zurückzuführen. Das Ziel der Biofeedback-Behandlung besteht darin, daß Sie lernen, Ihre Muskeln zu entspannen, sodaß das Ausmaß der Muskelspannung niemals zu groß wird, und dementsprechend Kopfschmerzen auch nicht mehr auftreten. Dies bedeutet für Sie ein großes Maß an Mitarbeit in der Therapie und zuhause. Damit Sie die Entspannung Ihrer Stirnmuskulatur erlernen können, werden wir Ihnen die Muskelspannung mit Hilfe eines Gerätes hörbar machen. Sie werden über einen Kopfhörer Klicks bemerken, die Ihnen das Ausmaß der muskulären Spannung Ihrer Stirn verdeutlichen. Je höher die Spannung Ihrer Stirn ist, umso häufiger werden die Klicks auftreten. Ihre Aufgabe besteht darin, herauszufinden, was die Häufigkeit der Klicks geringer werden läßt, da dies eine geringere Muskelspannung bedeutet. Versuchen Sie, Einflüsse, die die Klicks häufiger werden lassen, auszuschließen. Bemühen Sie sich nicht zu stark, da dies Ihr Ziel einer tiefen Entspannung verhindern wird. Denken Sie daran, Ihre Aufmerksamkeit auf die Klicktöne zu richten. Lassen Sie Ihre Gedanken nicht wandern. Diese Sitzung wird etwa dreißig Minuten dauern, denken Sie daran, nicht einzuschlafen."

Durch diese Methoden werden vor allem zwei Ziele angestrebt:

Der Patient wird einmal für die Vorgänge in seinem Körper sensibilisiert, d.h. die Wahrnehmung dafür, ob seine Kopfmuskulatur angespannt ist oder nicht, wird verbessert. Die rechtzeitige Wahrnehmung seiner Spannung wiederum erleichtert ein schnelles Gegensteuern.

Zweitens lernt der Patient beim Training durch „Versuch und Irrtum" die Spannung zu vermindern:

– 81 –

Verhält er sich in einer Weise, die direkt spannungs-
vermindernd ist, so sagt ihm die Rückmeldung über
die Klicks, daß er Erfolg hatte. Durch das Erleben
dieses Erfolges wird das spannungsvermindernde
Verhalten bestärkt und kann immer besser eingesetzt
werden.

In der Regel reichen bei Spannungskopfschmerzen
zehn Sitzungen von 30 Minuten, um Verbesserungen
zu erzielen, v.a. wenn der Patient zwischendurch
ohne Apparat übt. Entscheidend für dauerhafte
Erfolge ist die Übertragung der gelernten Reaktionsweisen in den Alltag. Dazu wird der Patient gesondert
angeleitet.

2. Veränderungen des inneren Dialogs

Menschen sprechen ständig (lautlos) zu sich selbst,
v.a. dann, wenn sie auf Schwierigkeiten stoßen. Dieser
innere Dialog auf der kognitiven Ebene kann die
körperlichen Reaktionen und das Verhalten ganz
verschieden beeinflussen. Nehmen wir das Beispiel
einer Patientin, die in einem Büro arbeitet. Jeden
Morgen kommt ihr Vorgesetzter und verteilt die
Arbeit. Schon davor sagt sie sich: „Heute wird er mir
sicher wieder eine solche Menge Akten auf den Tisch
legen, daß es kaum zu schaffen ist. Ich fühle mich
auch schon ganz schön angespannt. Sicher bekomme
ich wieder Kopfschmerzen." Wenn die Arbeit vor ihr
liegt, denkt sie: „Das ist ja schlimmer als ich dachte.
Ich weiß gar nicht, wo ich anfangen soll. Ich raste bald

aus. Mein Kopf wird gleich zerspringen." Mitten in der Arbeit sagt sie sich: „Ich habe noch gar nichts geschafft. Es ist zum Verzweifeln. Die Schmerzen werden bestimmt schlimmer." Und nach Feierabend geht sie nach Hause und denkt: „Ich bin überhaupt nicht klar gekommen, es wird immer schlimmer."

Die Art, wie die Patientin mit sich umgeht, hat viele Nachteile. Sie macht sich selbst Angst und versetzt sich in körperliche Anspannung. Sie hat keinen Plan, nach dem sie vorgehen kann. Sie erkennt die schon geleistete Arbeit nicht an, und redet das Aufkommen der Kopfschmerzen geradezu herbei. Nach der Arbeit kritisiert sie sich selbst und malt sich schon die nächsten Schwierigkeiten aus.

Über die Rückwirkung eines solchen inneren Dialogs auf die Kopfschmerzen wird die Patientin ausführlich informiert.

Als Alternative dazu sollen ihr Selbstanweisungen zur Verfügung gestellt werden, die eine echte Hilfe darstellen und die sie in jeder Phase der Auseinandersetzung mit der Belastung abrufen kann. Sie dienen ihr dazu, die Situation richtig einzuschätzen, sich zu ermuntern, ihr zu begegnen, und sie schrittweise zu bewältigen. Danach soll sie ihre Erfahrungen auswerten und sich für das Geleistete selbst belohnen. Bei unserem Beispiel der morgentlichen Arbeitsverteilung erarbeiten der Therapeut und die Patientin folgende konstruktive Selbstanweisungen.

Gedankliche Vorbereitung auf die Situation:

„Rege dich nicht schon im Vorhinein auf, laß die Dinge auf dich zukommen."

„Du hast es gestern geschafft, du wirst es auch heute schaffen."

Der Chef hat die Arbeit verteilt:

„Verschaff' dir erstmal in Ruhe den Überblick."

„Mach einen Plan, überlege dir genau, wie du vorgehen willst."

„Jetzt mach erstmal eine Pause und entspanne dich."

„Geh den ersten Schritt an und denke an nichts anderes."

„Der erste Schritt ist geschafft. Das ging prima."

„Jetzt kommt die nächste Situation dran ..."

Wenn starke Anspannung aufzukommen droht:

„Jetzt unterbrich erstmal und unternimm etwas gegen die Anspannung in den Stirnmuskeln."

„Jetzt denke in Ruhe nach, was zu tun ist."

„Keine Katastrophen ausmalen und bei der Sache bleiben."

Nach dem Arbeitstag:

„Es hat geklappt, du hast es geschafft."

„Die ganze Anspannung war umsonst, du bist der Sache völlig gewachsen."

„Diese ganzen Katastrophengedanken sind das Problem, du wirst sie nicht mehr zulassen."

„Jedesmal, wenn du so vorgehst, geht es gut."

„Du kriegst deine Kopfschmerzen immer mehr in den Griff, du machst Fortschritte."

Diese Selbstanweisungen dürfen keine Leerformeln werden, die mechanisch heruntergebetet werden. Sie sollen ein echtes kognitives Gerüst darstellen, das die Anspannung auf ein optimales Maß vermindert und das Verhalten verläßlich steuert.

Bevor der Patient seinen neu erlernten Dialog in der Praxis umsetzt, kann er ihn zusammen mit dem Therapeuten in der Vorstellung üben. Er geht die Situation in der Phantasie durch und gibt sich an den kritischen Stellen die Selbstanweisung.

Dann erfolgt die Übertragung der Lernschritte in die Wirklichkeit:

Der Patient wird die kritischen Situationen mit seinen neuen Fertigkeiten angehen, aufkommende Anspannungen besser unter Kontrolle halten und bekämpfen und schließlich sich durch seine hilfreichen Selbstanweisungen dabei unterstützen

Die Ergebnisse werden in der Therapie laufend besprochen, dabei werden eventuell die Selbstanweisungen verbessert und zusätzliche Entspannungsübungen durchgeführt.

Auf die Art werden der Reihe nach die kritischen Situationen, auf die der Patient immer wieder mit Kopfschmerzen reagiert, durchgearbeitet.

Die eben geschilderte Vorgehensweise ist im Prinzip überall dort anwendbar, wo körperliche Anspannung und seelischer Streß an der Entstehung von Krankheiten beteiligt sind. Die erzielten Erfolge sind recht ermutigend. Sie wird auch bei anderen Problemen, wie der Neigung zu unkontrollierten Wutausbrüchen, angewendet.

– 6 –
Ein Selbstkontroll-Programm
am Beispiel Übergewicht

Alle Ernährungswissenschaftler sind sich darüber einig, daß bei den meisten übergewichtigen Menschen eine unausgeglichene Kalorienbilanz als Hauptursache der Störung anzusehen ist. Das bedeutet, sie nehmen mehr Kalorien auf, als sie verbrauchen. Dadurch kommt es zum Aufbau von Fettzellen, die sich im Körpergewebe ansammeln. Für die unausgeglichene Kalorienbilanz ist in erster Linie ihr falsches Eßverhalten verantwortlich. Wenn man das Eßverhalten Normalgewichtiger mit dem Übergewichtiger vergleicht, so stößt man gleichzeitig auf die typischen Eßfehler, die letztere machen:

● Übergewichtige essen nicht nur dann, wenn sie Hunger haben, sondern auch dann, wenn sie satt sind.

● Sie essen schneller als andere.

● Sie nehmen das Essen in größeren Bissen zu sich.

● Sie greifen leicht auf Nahrung zurück, die unmittelbar zugänglich ist.

● Sie sind leicht beeinflußbar durch ihre jeweilige Umgebung.

● Eine negative Stimmung kann bei ihnen richtiggehende Freßanfälle auslösen.

● Sie bevorzugen Speisen, die viel Kalorien haben, z.B. stark zucker- oder fetthaltig sind.

Man kann bei schwer in ihrem Eßverhalten gestörten Menschen annehmen, daß sie bis zu einem gewissen Grad richtiggehend nach Essen süchtig sind. Wie kann es dazu kommen?

Stanley Schachter, ein amerikanischer Psychologe, der sich besonders mit diesem Problem beschäftigt hat, kam zu folgenden Schlußfolgerungen:

Übergewichtige, so behauptet er, haben es verlernt, auf die inneren Körpersignale zu achten, die normalerweise anzeigen, wann wir Hunger haben oder satt sind. So können sie sich nicht danach richten. Stattdessen sind sie im höchsten Maße von äußeren Signalen abhängig und werden von diesen in ihrer Nahrungsaufnahme kontrolliert. Äußere Anreize, wie ein voller Kühlschrank oder Süßigkeiten in einem Schaufenster, sind es letzten Endes, die sie immer wieder zu übermäßigem Essen verleiten. Normalgewichtige sind von solchen Äußerlichkeiten weit weniger abhängig und essen meist nur dann, wenn sie Hunger haben.

Hinzu kommt ein zweites Problem: Bei übergewichtigen Personen findet man besonders häufig eine Form der Nahrungsaufnahme, die man als „Streßessen" bezeichnen kann. Dies bedarf einer Erklärung:

Wir wissen, daß bei den meisten Menschen (und erst recht bei Kindern) Streß eher appetitmindernd wirkt. Übergewichtige Personen aber behaupten bei Angst, Langeweile oder Ärger, plötzlich einen unbändigen Hunger zu verspüren. Schachter meint, daß sie Körpersignale falsch interpretieren: Irgendeinen Anspannungszustand erleben sie als Hunger und greifen zum Essen. Gelingt es ihnen dadurch, die Spannung zu vermindern, so wird dies als Bestätigung aufgefaßt, daß Essen gut gegen die Probleme des täglichen Lebens ist. So wird die Eßgewohnheit immer wieder bekräftigt.

Auf die Art führt Essen kurzfristig zu angenehmen Folgen (es schmeckt gut und die Anspannung vermindert sich), langfristig aber hat es negative Konsequenzen: Es kommt zu Gewichtszunahme, zu gesundheitlichen Schäden und zu einer negativen Einstellung gegenüber der eigenen Person.

Versucht der Übergewichtige nun von Zeit zu Zeit etwas gegen sein Problem zu unternehmen, so greift er meist zu rabiaten Mitteln: Hungern bis hin zur Nulldiät. Dadurch kann es zu kurzfristigen Erfolgen kommen (Gewichtsabnahme), die sich aber so gut wie nie länger halten.

Dafür gibt es eine ganz einfache Erklärung: Weder die Eßgewohnheiten noch die Einstellung zum Essen werden durch diese Gewaltkuren auch nur im mindesten verändert.

Nur ein Umdenken und der Aufbau eines anderen Eßverhaltens sind auf die Dauer erfolgversprechend. Dies zu erreichen ist das Ziel eines verhaltenstherapeutischen Selbstkontrollprogramms.

Um den Begriff der Selbstkontrolle richtig zu verstehen, muß man zwischen dem zu kontrollierenden Verhalten und dem kontrollierenden Verhalten unterscheiden.

Das zu kontrollierende Verhalten ist das, was der Betroffene zu ändern versucht, also in unserem Beispiel das Eßverhalten. Er möchte es ändern, weil er abnehmen will.

Das kontrollierende Verhalten ist das, was er tun muß, um mehr Kontrolle über sein Eßverhalten zu erlangen. Also das, was er unternimmt, um das oben genannte Ziel zu erreichen.

Bei einem Selbstkontroll-Programm soll der Patient also lernen, sich selbst so zu steuern, daß er sein Problemverhalten (Essen) in den Griff bekommt und damit Nachteile, wie Fettleibigkeit oder Gesundheitsschäden, vermindern kann. Durch ein solches Programm wird der Patient sozusagen dazu ausgebildet, sein eigener Therapeut zu werden und so das Lernziel „Kontrolle über das Eßverhalten" zu erreichen.

Derjenige, der das Selbstkontrollprogramm mit ihm durchführt, hat folgende Aufgaben:

- Er soll die Motivation zu einer Veränderung stärken und ihm dabei helfen, günstige Bedingungen für die Durchführung des Programms zu schaffen.

- Er bringt ihm bestimmte Verhaltenstechniken bei, die den Veränderungsprozeß erleichtern.

- Er soll den Patienten ermutigen, ihn für Erfolge bekräftigen und ihm über Schwierigkeiten und Entmutigungsphasen hinweghelfen.

Aber auch der Patient muß eine Reihe von Voraussetzungen mitbringen, wenn ein solches Programm zum Erfolg führen soll. Er muß „Problembewußtsein" haben, d.h. die negativen Konsequenzen seines Verhaltens müssen ihm deutlich sein. V.a. aber soll sein Entschluß, sich zu verändern, klar und unmißverständlich sein. Eine halbherzige „Mal sehen, ob es etwas bringt"-Einstellung reicht nicht aus.

Ein Beispiel aus der Praxis

Bei dem Patienten handelt es sich um Karin W., eine 29-jährige Studentin, die allein lebt. Bei Therapiebeginn wiegt sie 89 Kilo bei einer Größe von 165 cm. Sie hat mehrere erfolglose Abmagerungsversuche mit den üblichen Diäten hinter sich. Neben dem Übergewicht leidet sie an Einsamkeitsgefühlen, die häufig in mittelschwere depressive Verstimmungen übergehen. Sie fühlt sich im Umgang mit Menschen eher ängstlich und hat Schwierigkeiten, Kontakte zu knüpfen.

Therapiemaßnahmen

1. Schritt: Stärkung der Motivation

Nach dem Erstgespräch soll die Patientin ihre ganz persönlichen Gründe für eine Gewichtsabnahme auflisten und dabei auch die Nachteile, die ihr aus dem Dicksein erwachsen, festhalten. Hier sind die Ergebnisse:

Warum ich abnehmen will:

Wegen des Selbstbewußtseins
Damit ich mich akzeptiere
Ich möchte wieder Jeans tragen
Ich möchte auch mal baden gehen können
Damit mir keiner etwas negatives mehr sagt
Damit ich nicht so schnell außer Atem bin und nicht so schnell rot werde.

Was ich am Dicksein nachteilig empfinde:

Die ständige Unzufriedenheit
Starke Minderwertigkeitsgefühle
Der Ärger, daß nichts paßt
Meine eigene Ablehnung
Unbeschreibliche Wut, wenn ich Schlanke sehe mit einer guten Figur.

2. Schritt: Vorsatz und Anleitung zur Selbstbeobachtung

Die Patientin nimmt sich vor, 15 Kilo in 6 Monaten abzunehmen. Der Therapeut erklärt ihr die Notwendigkeit, über einen Zeitraum von 2 Wochen ihr Eßverhalten selbst zu beobachten und folgendes festzuhalten:

● die Uhrzeit, zu der sie etwas (fest oder flüssig) zu sich nimmt.

● die genaue Menge; dabei nimmt sie mit Hilfe einer Kalorientabelle eine grobe Umrechnung vor.

● die Dauer des Eßvorgangs.

● die äußere Situation, in der sie ißt oder trinkt (z.B. allein, vor dem Fernseher, in der Mensa, nachts, wenn sie aufwacht).

● die Stimmungslage, die dem Essen unmittelbar vorausging (dabei schätzt sie ihre Stimmung zwischen 1 = es geht mir sehr gut und 6 = ich fühle mich sehr schlecht) ein.

Die Aufzeichnungen erfolgen auf einem vorgedruckten Formblatt, sie werden während der ganzen Dauer der Therapie weitergeführt, das Gewicht wird jeden Morgen festgehalten.

Die Patientin soll während der Selbstbeobachtungsphase nicht versuchen, ihr Eßverhalten absichtlich zu verändern.

3. Schritt: Auswertung der Selbstbeobachtung und Aufstellung des Zieles „Langsamer Essen":

Die Auswertung gibt folgende wichtige Hinweise. Die Patientin nimmt eindeutig zu viel Kalorien am Tag zu sich. Sie ißt zu schnell. Man weiß aus Erfahrung, daß Therapieerfolge bei Übergewichtigen umso größer sind, je langsamer sie zu essen lernen. Die günstigste Eßgeschwindigkeit liegt bei ungefähr 30 Kalorien pro Minute. Karin W. nimmt bis zu 350 Kalorien zu sich.

Ihre typischen Eßsituationen sind: Fernsehen, Telefonieren, fürs Studium lernen, Lesen, nachts, in der U-Bahn.

Darüberhinaus gibt es eine deutliche Beziehung zwischen ihrer Stimmung und Essen. Je schlechter ihre Stimmung, desto mehr ißt sie.

Der Therapeut schlägt als nächstes Ziel eine Verlangsamung der Eßgeschwindigkeit vor. Nachdem er der Patientin deren Vorteil erläutert hat, werden folgende Regeln aufgestellt:

● Kleine Bissen und Schlucke zu sich nehmen.

● Langsamer und öfter kauen.

● Wenn sie mit Messer und Gabel ißt, während des Kauens das Besteck aus der Hand legen.

Als Erfolgskontrolle dient die Dauer des Eßvorgangs, die aus den Aufzeichnungen hervorgeht.

4. Schritt: Einrichten einer „Eßecke"

Zuerst werden die Einhaltung der Geschwindigkeitsregeln sowie die Schwierigkeiten, die dabei aufgetreten sind, mit der Patientin besprochen. Dann wird die nächste Maßnahme eingeführt. Da die Patientin

– 94 –

die meisten Kalorien in ihrer Wohnung zu sich nimmt, konzentriert sich die Therapie auf diesen Bereich.

Zuhause soll Essen auf einen einzigen Ort beschränkt werden, nämlich auf den Küchentisch. Karin W. erhält als erstes die Aufgabe, sämtliche Lebensmittel (auch Schokolade und Kekse usw.) in die Küche zu bringen. Ab jetzt verpflichtet sie sich, vorerst für einen Zeitraum von 2 Tagen, ausschließlich am Küchentisch zu essen. Wenn sie z.B. vor dem Fernseher oder am Schreibtisch sitzt und Lust auf etwas Süßes hat, soll sie aufstehen und die Schokolade am Küchentisch essen. Dasselbe gilt auch für nachts. Dadurch soll ihr Eßverhalten unter die Kontrolle einer ganz konkreten äußeren Situation gebracht werden. Wenn sie am Küchentisch sitzt, heißt das, daß sie essen darf. Alle anderen Orte, wie Schreibtisch, Fernsehsessel usw., sind tabu.

Der Zeitraum bis zur nächsten Therapiesitzung ist deshalb kurz gewählt, da zu erwarten ist, daß bei diesem Schritt Schwierigkeiten auftreten.

5. Schritt: Alternativ-Verhalten und Selbstbelohnung

Die Patientin berichtet, daß langsam essen weiter ganz gut geklappt habe.

Mit der Eßecke hatte sie Schwierigkeiten. Meistens hat sie es geschafft, sich vor dem Essen an den Tisch zu setzen. In anderen Situationen aber, wie beim abendlichen Fernsehen, habe sie sich wie „leer" gefühlt. Irgendetwas habe ihr gefehlt.

Der Therapeut bestätigt, daß dieses Problem meist am Anfang einer solchen Veränderung auftritt. Es soll in den nächsten Wochen therapeutisch bearbeitet werden.

Er erklärt der Patientin, daß sie von früh an gelernt habe, Anspannung, Langeweile oder schlechte Stimmung mit Essen zu bekämpfen. Dabei handelt es sich aber um ein untaugliches Mittel, das kurzfristig zwar bis zu einem gewissen Grad wirkt, aber langfristig (wenn es übertrieben wird) zu Schwierigkeiten führt.

Sie wird nun lernen, dieselbe Wirkung (Spannungsminderung und Stimmungsverbesserung) mit tauglicheren Mitteln zu erreichen. Ein anderes Verhalten als Essen, das dieselbe kurzfristige Wirkung erzielt, nennt man Alternativ-Verhalten.

Alternativ-Verhalten sollte folgende Eigenschaften haben:

● Es muß sofort in der Situation durchführbar sein.

● Es soll besser zu der Situation passen als Essen.

● Es darf mit Essen nichts zu tun haben.

● Es soll keine negativen Folgen nach sich ziehen.

Es gibt zwei Alternativverhaltensweisen, die sich in vielen Situationen gut eignen, um Essen zu ersetzen: Körperliche Entspannung (S. 82) und das Ausführen eines spannungsreduzierenden, das eigene Verhalten positiv beeinflussenden inneren Dialog (S. 84). In den nächsten Therapiesitzungen werden beide mit der Patientin trainiert, und im täglichen Lebenssituation als Ersatz für unkontrolliertes Essen eingeführt.

Für weitere Situationen werden andere Möglichkeiten abgesprochen, wie Teetrinken bei Arbeitspausen, Zeitungslesen in der U-Bahn usw.

Eine zusätzliche Unterstützung erfährt die Patientin durch die Anleitung zur Selbstbelohnung. Belohnung (man spricht in der Lernpsychologie auch von positiver Verstärkung) kann auf zwei Arten erfolgen. Sie kann zum einen von außen kommen. Wenn ein anderer positiv auf etwas reagiert, das ich getan habe, indem er mir z.B. ein Geschenk macht oder mich lobt, so löst das bei mir ein Gefühl der Zufriedenheit oder des Stolzes aus. Als Folge werde ich dazu neigen, in der gleichen oder in einer ähnlichen Situation, das Verhalten zu wiederholen.

Ich kann mich aber auch selbst für etwas belohnen, etwa dadurch, daß ich mir innerlich auf die Schulter klopfe („Das hast du gut gemacht"), oder mir etwas besonderes gönne. Die Wirkung der Selbstverstärkung auf das vorangegangene Verhalten ist annähernd die gleiche wie bei Fremdverstärkern. Es wird gestärkt und tritt häufiger auf (man spricht bei diesem Prinzip in der Lernpsychologie auch vom „operanten Konditionieren" im Gegensatz zum „klassischen Konditionieren", das wir früher kennengelernt haben).

– 97 –

Ein bestimmtes Verhalten, wie das Einhalten einer Eßregel, kann also dadurch stabilisiert werden, daß ich mir etwas Gutes gönne, wenn es mir gelungen ist, mich danach zu richten.

Karin W. belohnt sich nach folgendem Schema: Nach jedem Tag beurteilt sie die Einhaltung der Regeln: Langsamer Essen, nur am Tisch essen, in dem sie sich zwischen 1 und 4 Punkten gibt. 4 Punkte bedeutet: die Regel wurde optimal eingehalten, und ein Punkt bedeutet: das war kein guter Tag.

Am Ende der Woche hat sie dann Anrecht auf eine Annehmlichkeit nach einem Schlüssel, der zusammen mit dem Therapeuten erarbeitet wurde: Je mehr Punkte sie sich verdient hat, desto größer fällt die Belohnung aus. Die möglichen Belohnungen hat sie sich zu Beginn der Therapiephase zusammengestellt.

Vor allem aber soll sie systematisch ihre Gewichtskurve verfolgen und auch kleinere Gewichtsabnahmen als Erfolg dafür sehen, daß sie diesmal auf dem richtigen Weg ist. Immer wieder werden Schwierigkeiten, die bei dem Selbstkontrollprogramm auftreten, behandelt und es wird gemeinsam nach Lösungen gesucht.

Man merkt, daß bei diesem Selbstkontrollprogramm nicht eine bestimmte Diät oder eine nicht zu überschreitende Kalorienmenge festgelegt werden. Es wird vielmehr erwartet, daß die Patientin allmählich lernt, bewußt mit Nahrung umzugehen, sich selbst besser zu steuern, und andere Lösungsmöglichkeiten bei ihren anderen Problemen einzusetzen, als sich vollzustopfen.

Ich habe der Übersichtlichkeit halber bis jetzt nur das Selbstkontrollprogramm in groben Zügen vorgestellt. Die Verhaltensanalyse zu Beginn der Therapie hat aber ergeben, daß das Eßverhalten von Karin W. in einem deutlichen Zusammenhang zu den anderen Problemen, wie mangelndes Selbstwertgefühl und soziale Ängste, Neigung zu depressiven Stimmungen stehen. Auch diese Probleme werden in der Therapie nach den Prinzipien behandelt, die wir schon kennen. Das ist unbedingt erforderlich und ist umso besser durchführbar, als ein Selbstkontrollprogramm ja hauptsächlich von der Patientin selbst in ihrem täglichen Leben durchgeführt wird. So ist der zeitliche Aufwand bei seiner therapeutischen Begleitung relativ gering.

Selbstkontrollprogramme, wie das oben geschilderte, beruhen auf einigen relativ einfachen Prinzipien und können an die besonderen Probleme vieler Patienten flexibel angepaßt werden.

Gute Erfolge werden damit bei Übergewicht und Magersucht erzielt, bei Rauchen, Arbeits- und Studienproblemen (z.B. beim eingangs vorgestellten Studenten) sowie bei Partnerschaftsproblemen.

In den vorangegangenen Kapiteln habe ich versucht, einen Eindruck von der Herangehensweise der Verhaltenstherapie bei verschiedenen Störungen zu geben. Nun möchte ich ein paar Worte zu einem Bereich sagen, den ich bisher ausgeklammert habe: Die Verhaltenstherapie bei Kindern und Jugendlichen.

Es wurden im Laufe der Jahre eine Reihe von Verfahren entwickelt, die bei Problemen, wie Einnässen und Einkoten, geistige Behinderung, Schwierigkeiten in der Sprachentwicklung, „Schwererziehbarkeit", übergroßer Bewegungsdrang (Hyperaktivität) und Ängsten, wertvolle Hilfe leisten können.

In der Therapie versucht man soweit wie nur möglich auf den Einsatz von Bestrafung zu verzichten. Der konsequente Einsatz von Strafe, etwa in Form von Mißbilligung, stellt selbstverständlich ein Mittel dar, mit dem das Verhalten von Kindern und Jugendlichen beeinflußt werden kann. Doch Strafe hat eine ganze Anzahl von höchst unangenehmen Begleiterscheinungen: Sie führt zu Ängsten, Einschüchterung und Verunsicherung und zieht allemal eine Verschlechterung der Beziehung zwischen den Beteiligten mit sich. Darüberhinaus wird durch Strafe kein neues konstruktives Verhalten aufgebaut, sondern schon lediglich vorhandenes unterdrückt.

Als Mittel der Wahl gilt in der Kinder- und Jugendtherapie der Aufbau und die Förderung von Verhalten durch positive Bekräftigung. Der Einsatz von positiven Verstärkung ist das sicherste Mittel, um neues, der weiteren Entwicklung förderliches Verhalten aufzubauen. Hinzu kommt die Einsicht, daß auch schon im frühen Lebensalter kognitiven Prozessen eine hervorragende Bedeutung zukommt. So werden in letzter Zeit auch in der Kinder- und Jugendtherapie immer mehr Verfahren eingesetzt, die dort ansetzen.

Ein anderer Bereich, der von mir nicht behandelt wurde, betrifft Verhaltenstherapie in Institutionen, wie Kliniken, Heimen, Schulen usw.

– 7 –
Vorurteile gegenüber der Verhaltenstherapie

Ich hoffe, daß ich bislang, trotz der etwas vereinfach-
ten Darstellung, einen Eindruck von der verhaltenstherapeutischen Vorgehensweise geben konnte.

Ich möchte noch einmal betonen, daß Verhaltenstherapie keine Sammlung von Einzeltechniken ist,
sondern daß ihr Kernstück eine Strategie, d.h. die
besondere Art der Herangehensweise an Probleme,
ist. An dieser Stelle will ich auf einige Vorurteile eingehen, die vielen Menschen in den Sinn kommen,
wenn es um die Verhaltenstherapie geht. Ich will
dabei die Verhaltenstherapie nicht als Allheilmittel
darstellen, sondern noch einmal auf einige ihrer Stärken aber auch auf Schwächen und Mängel hinweisen.

1. Vorurteil:
„Die Verhaltenstherapie hat ein allzu einfaches Bild vom Menschen"

Dieser Vorwurf war bei den ersten verhaltenstherapeutischen Ansätzen berechtigt. Man war damals von
einem geradezu grenzenlosen Optimismus. Die Psychologie hatte zuerst im Tierversuch und dann in
Untersuchungen bei Menschen ein paar überschau-
bare Lernprinzipien, wie klassisches und operantes
Konditionieren, gefunden. Man war der Meinung,

daß durch ihre Anwendung in der Therapie alle psychischen Probleme gelöst werden können. Die Zauberformel „Störungen werden gelernt, also können sie auch verlernt werden" war in aller Munde. Nun ist es so, daß diese Lernprinzipien sich keineswegs als falsch oder unnütz erwiesen haben. Viele Vorgehensweisen, die ich vorgestellt habe, beruhen teilweise darauf. Aber im Laufe der Zeit merkte man, daß alles viel komplizierter ist, allein schon daran, daß die Therapieerfolge keineswegs so bombastisch waren, wie man es erwartet hatte. So war man mehr oder weniger gezwungen, das Bild vom Menschen zu verändern.

In der heutigen Verhaltenstherapie wird der Mensch als ein Wesen angesehen, das aktiv Informationen über seine Umwelt sammelt, sie nach bestimmten Gesichtspunkten ordnet und bewertet, um dann Handlungspläne zu entwerfen und in die Tat umzusetzen, damit er seine Lebensziele erreichen kann. Diese neue Sichtweise bringt einen therapeutischen Ansatz mit sich, der der menschlichen Komplexität gerechter wird. Das sieht man auch an der Bedeutung, die kognitive Verfahren heute erlangt haben.

2. Vorurteil:
„Die Verhaltenstherapie doktert am Symptom herum und geht nicht an die Ursachen"

Selbstverständlich ist es das Ziel einer jeden Therapie, quälende und hinderliche Symptome, wie Ängste,

Zwangshandlungen oder Kopfschmerzen, zu beseitigen. Das will die Verhaltenstherapie auch, und sie hat oft genug gute Erfolge dabei. Die Meinung, sie klebe am Symptom, beinhaltet aber den Vorwurf, sie sei „oberflächlich", weil „die Ursachen" nicht beseitigt würden.

An dieser Stelle ein klares Wort: „Die Ursachen" eines bestimmten psychischen Zustandes, in dem ein Mensch sich jetzt befindet, sind seine Erbanlagen, seine gesamte Lebensgeschichte (d.h. die Summe aller Einflüsse, denen er ausgesetzt war) plus die Einflüsse, die in der Gegenwart auf ihn einwirken. All das kann man nicht einfach aus der Welt schaffen. Wenn ein Mensch sich verändern soll, dann müssen jetzt Mittel eingesetzt werden, die die gewünschte Veränderung bewirken können. Das ist das einzige, was jede Form von Psychotherapie zu leisten vermag.

Daß viele aktuelle Probleme, zeitlich gesehen, ihren Ursprung in frühen Jahren haben, ist unbestritten. Dort werden Entwicklungen in Gang gesetzt und Lernprozesse eingeleitet, die sich heute in bestimmten Einstellungen, Gewohnheiten usw. auswirken. Aber immer nur hier am aktuellen Verhalten kann Therapie ansetzen. Sie versucht, die in der Persönlichkeit und in der aktuellen Lebenssituation des Betroffenen liegende Faktoren zu beeinflussen, die dafür verantwortlich sind. *Sie* sind für die Verhaltenstherapie die Ursachen.

3. Vorurteil:
„Die Verhaltenstherapie beseitigt zwar die Symptome, aber dafür treten andere an deren Stelle"

Es gibt in der gesamten Fachliteratur keine Hinweise, daß verhaltenstherapeutisch behandelte Symptome, wie Ängste oder Zwänge automatisch an anderer Stelle wieder auftreten oder durch andere Symptome ersetzt werden. Im Gegenteil, man findet einen positiven Schneeballeffekt. Wenn ein Mensch in einer bestimmten Lebenssituation besser zurecht kommt, können mit der Zeit auch andere Probleme verschwinden, die nicht eigens in der Therapie behandelt wurden. Wenn z.B. jemand seine Ängste im Umgang mit Menschen in der Therapie ablegt und eine Freundin findet, so kann sich seine Stimmung bessern, er faßt wieder Mut, fängt an Sport zu treiben und gewöhnt sich eventuell sogar das Kettenrauchen ab, weil ihm das Leben wieder lebenswert erscheint.

Aber dennoch können unerwartete Probleme in einer Therapie entstehen, wenn übersehen wird, daß bestimmte Krankheiten, besonders langjährige, eine Funktion im Leben erlangt haben. Eine über Jahre hinweg andauernde Platzangst, die einen Menschen daran hindert, sich frei zu bewegen, kann z.T. auch dadurch aufrecht erhalten werden, daß sie zu einer Schonung durch seine Mitmenschen führt. Keiner stellt große Ansprüche an ihn: Er ist ja krank und kann sich kaum allein bewegen. Wollte ihn ein Therapeut bloß „fit für die Straße" machen, so könnte er

– 105 –

erleben, daß plötzlich keine Fortschritte mehr erzielt werden und sogar unerwartet Rückschritte eintreten. In dem Maße, wie vermehrt reale oder bloß befürchtete Anforderungen auf den Patienten zukommen („Jetzt mußt du aber loslegen"), können seine Ängste steigen und sich wiederum auf der Straße auswirken. Es wäre sogar denkbar, daß der Patient sich frei bewegt, aber depressiv wird, weil er sich den Erwartungen, die plötzlich an ihn gestellt werden, nicht gewachsen fühlt.

Aber das wäre nicht darauf zurückzuführen, daß ein neues Symptom an die Stelle des alten getreten ist, sondern darauf, daß der Therapeut die Probleme des Patienten nicht ausreichend durchleuchtet und wichtige Zusammenhänge übersehen hat. In einer auf den Patienten zugeschnittenen Verhaltenstherapie müssen auch die andern Probleme (Angst vor Versagen usw.) erkannt und mitbehandelt werden.

4. Vorurteil
„Der Verhaltenstherapeut ist autoritär und der Patient wird manipuliert"

In der Verhaltenstherapie wurde der Therapeut-Patient-Beziehung wenig Aufmerksamkeit gewidmet. Eysenck, einer der Wegbereiter der Verhaltenstherapie, vertrat z.B. die Ansicht, daß eine persönliche Beziehung für die Heilung neurotischer Störungen nicht wesentlich sei, wenngleich sie unter bestimmten Umständen nützlich sein könne.

Man ging von einem etwas naiven Modell der Arbeitsteilung in der Therapie aus: Der Patient bringt Informationen über seine Probleme ein und der Therapeut ist der „Verhaltenstechniker", der weiß, was zu geschehen hat.

Diese Sichtweise ist auch in der Verhaltenstherapie überholt. Eine positive Einstellung zum Patienten, die auf Einfühlung und Respektierung des anderen beruht, gilt als Basis der therapeutischen Arbeit. Man weiß auch, daß die Qualität der Beziehung ein wesentlicher therapeutischer Faktor ist. Aber darüberhinaus hat der Verhaltenstherapeut noch andere Aufgaben: Er gibt dem Patienten Informationen (nicht lehrerhaft!) über die Zusammenhänge und Mittel, um bestimmte Veränderungen zu erreichen. Darüberhinaus strukturiert er den therapeutischen Prozeß so, daß eine kontinuierliche, gewinnbringende Arbeit an den Problemen des Patienten zustande kommt. Strukturieren heißt nicht, autoritär bestimmen oder den anderen manipulieren, sondern heißt, dem Patienten, der oft sehr entmutigt und voller Angst ist, ein Gerüst liefern, das Sicherheit gibt und als Hilfe erlebt wird.

Daß dabei Probleme auftreten können, wie Widerstände beim Patienten, Beziehungsschwierigkeiten usw., wird auch in der Verhaltenstherapie in zunehmendem Maße zur Kenntnis genommen. Lange genug hat man versucht, dies Probleme auszuklammern, unter dem Einfluß der „irrationalen Annahme", ein guter Patient müsse doch wissen, daß alles nur zu seinem besten geschieht. Heute ist man einsichtiger geworden und sucht eigene Lösungen für diese Probleme.

5. Vorurteil
„Die haben für alles ein Programm"

Wenn es bloß so wäre! Der Verhaltenstherapeut ist nicht der Hansdampf in allen Gassen, der für alles ein Mittelchen weiß. Doch er verfügt über eine Strategie und therapeutische Verfahren, die flexibel bei vielen Problemen eingesetzt werden können.

Bei vielen Störungen im Kindes- und Jugendalter, bei Ängsten, Depressionen und verschiedenen Formen von Zwängen werden gute Erfolge erzielt. In anderen Anwendungsbereichen, wie bei Abhängigkeiten von Alkohol oder Drogen oder bei schweren psychischen Störungen, wie Psychosen, liegen noch relativ wenig Erfahrungen vor. Das kommt daher, daß die für die Entstehung dieser Störungen verantwortlichen Mechanismen noch nicht restlos geklärt sind.

Die Grenzen jeder Therapie liegen natürlich auch dort, wo der Patient den Kontakt zur Realität so weit verloren hat, daß eine Einflußnahme auf ihn kaum noch möglich ist.

Schwer ist Therapie auch dann, wenn die gesamte Persönlichkeit eines Menschen zum Problem wird. Menschen trennen sich nicht so leicht von lebens-

– 108 –

langen Gewohnheiten und Wertvorstellungen. Wer je erlebt hat, daß sein zwanghafter Onkel, mit oder ohne Therapie, plötzlich den Job schmeißt, sich einen Bart wachsen läßt und nach Indien trampt, soll widersprechen.

– 8 –
Wichtige Informationen für Patienten

Die Verhaltenstherapie stellt einen therapeutischen
Rahmen dar, aus dem sich sowohl Anforderungen
an den Therapeuten als auch an den Patienten ergeben.

Anforderungen an Therapeuten und Patienten

Der Therapeut muß sowohl in menschlicher als auch
in fachlicher Hinsicht ein Mindestmaß an Kompetenz
haben.

In menschlicher Hinsicht muß er in der Lage sein,
die Gedanken, Gefühle und das Wertsystem des
Patienten zu verstehen und dessen Sicht der Dinge
nachzuvollziehen. Es muß ihm auch gelingen, dieses
Verständnis zu vermitteln. Da Verhaltenstherapie
einen längerfristigen kontinuierlichen Prozeß dar-
stellt, muß er fähig sein, den Patienten zu motivieren,
zu ermutigen und ihm den menschlichen Rückhalt zu
geben, der unerläßlich ist zur Überwindung von
Schwierigkeiten. Etwas darf kein Therapeut übersehen: Er hat viele Patienten, der Patient aber hat nur
einen Therapeuten.

In fachlicher Hinsicht sollte er dem Patienten
gegenüber eine professionelle Haltung einnehmen.
Das hat nichts mit autoritärem Gehabe, Kälte oder
Desinteresse zu tun. Das bedeutet lediglich, daß The-

– 110 –

rapie eine Situation ist, in der gewisse Spielregeln einzuhalten sind: Der Therapeut hat eine Arbeit ver- verrichten, für die er bezahlt wird. Er sitzt nicht im Morgenmantel da und beklagt sich über die letzten Schandtaten seines habgierigen Hauswirtes.

Was sein Wissen anbelangt, so soll er über gute Kenntnisse in Psychologie verfügen. Daß er eine Ausbildung in Verhaltenstherapie abgeschlossen hat oder sich in einer solchen befindet, ist selbstverständlich. Der Therapeut geht mit dem Patienten, juristisch gesehen, einen Dienstvertrag ein. Er verpflichtet sich Verhaltenstherapie „nach den Regeln der Kunst" anzuwenden. Das bedeutet, daß er nicht jederzeit frei improvisieren darf, um etwas auszuprobieren oder weil ihm der Sinn danach steht. Stattdessen muß er sich an die bewährten Prinzipien und Vorgehensweisen halten, die in der Verhaltenstherapie entwickelt wurden. Er ist also dafür verantwortlich, daß an den Problemen des Patienten verhaltenstherapeutisch gearbeitet wird und sich nicht ein Plauderstündchen an das andere reiht. Allerdings muß er hellhörig und flexibel genug sein, um jederzeit auf besondere Umstände beim Patienten eingehen zu können.

Auch an den Patienten werden Anforderungen gestellt: Verhaltenstherapie eignet sich besonders gut für solche Menschen, die unmittelbar etwas bei ihren Problemen bewirken wollen. Sie werden merken, daß der Therapeut sich ein ausführliches Bild über ihre aktuelle Situation und über ihre Lebensgeschichte macht. Aber dann werden sie erfahren, daß sie ohne ihr aktives Mittun keine Fortschritte machen und sie werden zu einer kontinuierlichen Mitarbeit aufgefordert. Dabei wird ihre jeweilige Leistungsfähigkeit zwar berücksichtigt, aber die Therapie wird umso erfolgreicher sein, je aktiver sie sich beteiligen, je mehr sie mitdenken und nach eigenen Lösungen suchen. Manchmal schlägt der Therapeut ihnen etwas vor, wogegen sich ihr Gefühl erst einmal sträubt. Aber sie können zu jeder Zeit eine Erklärung verlangen und der Therapeut über seine bisherigen Erfahrungen berichten lassen.

Wenn sie vorwiegend über ihre Vergangenheit reden möchten oder der Auffassung sind, daß nur das zählt, was über Nacht kommt, ohne daß man sich darum bemüht, dann sind sie in einem anderen Therapieverfahren besser aufgehoben.

Zur Qualifikation von Verhaltenstherapeuten

Verhaltenstherapeuten müssen, um zu Lasten der Krankenkassen abrechnen zu können, eine 5-jährige berufsbegleitende Ausbildung an einem anerkannten Lehrinstitut abgeschlossen haben. Zugelassen zur Ausbildung sind nur approbierte Ärzte und Diplom-Psychologen.

Während der Ausbildung müssen, neben Theorie und Selbsterfahrung, mindestens 20 Therapien unter Aufsicht eines Lehrtherapeuten abgeschlossen werden. Nach der Regelung, die ab 1991 gültig ist, müssen sie im Rahmen der Ausbildung ein Jahr in der stationären Krankenversorgung tätig gewesen sein. Die Zulassung zur Therapie zu Lasten der Krankenkassen ist also das verläßlichste Qualifikationsmerkmal.

Darüberhinaus gibt es den Fachverband Klinische Verhaltenstherapie (FKV) der nur Mitglieder aufnimmt, die eine besondere Qualifikation aufweisen.

Verhaltenstherapie im Kassenverfahren

Die gesetzlichen Krankenkassen, die Ersatzkassen, die Beihilfe für Beamte und die Privatkassen übernehmen die Kosten, wenn ein spezialisierter Arzt die Notwendigkeit einer Verhaltenstherapie feststellt.

Eine Verhaltenstherapie gilt als angebracht bei:

- psychoneurotischen Störungen, wie z.B. Phobien, sozialen Ängsten, Zwängen, Depressionen usw.

- körperlichen Erkrankungen, wenn seelische Ursachen eine wichtige Rolle dabei spielen.

- seelischen Behinderungen als Folge schwerer langanhaltender Krankheitsverläufe, also etwa bei der Rehabilitation von Psychosen usw.

- seelischen Behinderungen aufgrund extremer Situationen, die eine schwere Beeinträchtigung der Persönlichkeit zur Folge haben, z.B. nach Unfällen usw.

– 113 –

Der Arzt kann die Therapie an einen in Verhaltenstherapie ausgebildeten Diplom-Psychologen delegieren, der zum Kassenverfahren zugelassen ist.

Nach 5 Sitzungen, die hauptsächlich dazu dienen, die Probleme des Patienten zu durchleuchten, wird eine Verhaltensanalyse erstellt und ein Antrag an die Krankenkasse. Es können entweder eine Kurzzeittherapie (25 Sitzungen) oder eine Langzeittherapie (40 Sitzungen mit zwei möglichen Verlängerungen von je 20 Sitzungen) beantragt werden. Die Verhaltenstherapie kann auch ganz oder teilweise in Gruppen durchgeführt werden.

Im September 1989 gab es in der Bundesrepublik Deutschland und in Westberlin 498 ärztliche Verhaltenstherapeuten und 1187 ausgebildete Diplompsychologen, die zum Kassenverfahren zugelassen sind.

Eine Liste der zum Kassenverfahren zugelassenen Verhaltenstherapeuten kann bei den Krankenkassen eingesehen werden.

Weiterführende Literatur

Hand, I., Wittchen, H.U.: Verhaltenstherapie in der Medizin, Springer, Heidelberg, 1989

Hoffmann, N.: Wenn Zwänge das Leben einengen, PAL-Verlag, Mannheim 1990

Linden, M., Hautzinger, M. (Hrsg.): Psychotherapiemanual, Springer, Heidelberg 1981

Miltner, W., Birbaumer, N., Gerber, W.D.: Verhaltensmedizin, Springer, Heidelberg 1986

Ross, A.D., Petermann, F.: Verhaltenstherapie mit Kindern und Jugendlichen, Hippokrates 1987

Therapieverfahren unserer Zeit

In dieser Reihe
sind bislang erschienen:

Gestalttherapie
Transaktionsanalyse
Familientherapie
Verhaltenstherapie
Rebirthing
Neurolinguistisches
Programmieren
Gesprächspsychotherapie
Rolfing

Jeder Band kostet DM 16,80
und hat 124 Seiten

Weitere Bücher aus unserem Ratgeber-Programm

Unseren ausführlichen Prospekt erhalten Sie bei:
PAL Verlagsgesellschaft; Am Oberen Luisenpark 33;
6800 Mannheim